Faten Mukarker

Leben zwischen Grenzen
Eine christliche Palästinenserin berichtet

Mit einem Vorwort von Angelika Schrobsdorff

Das Buch verdankt seine Entstehung der Begegnung zwischen Hans Kratzert, Heidelberg, mit der Autorin in Beit Jala. Faten Mukarker ließ sich ermutigen, ihre Lebensgeschichte zu erzählen. Das Lektorat der auf mündlicher Schilderung beruhenden Niederschrift besorgten Xenia Baumeister und Hans Dieter Wolfinger.
Die Erläuterungen des Nahost-Experten Paul Löffler (S. 105 ff.) erleichtern das Verständnis des Buches.

Die Deutsche Bibliothek – CIP-Einheitsaufnahme

Leben zwischen Grenzen : eine christliche Palästinenserin berichtet / Faten Mukarker. Mit einem Vorw. von Angelika Schrobsdorff.
- 3. Aufl. - Karlsruhe : Hans-Thoma-Verl., 1999
  (Edition Zeitzeugen)
  ISBN 3-87297-136-0

© Hans Thoma Verlag GmbH
Karlsruhe, 3. Auflage 1999

Gestaltung: Bernhard Kutscherauer
Herstellung: HVA Grafische Betriebe, Heidelberg

Inhaltsverzeichnis

Eine gute Palästinenserin

Vorwort von Angelika Schrobsdorff

Als ich in der Lutherischen Erlöserkirche von Jerusalem an einem Literaturkreis teilnahm, um etwas aus meinem Buch über die Intifada zu erzählen, fiel mir Faten Mukarker sofort auf. Ich wußte nicht, wer sie war und woher sie kam, aber sie war anders als eine Anzahl deutscher Frauen, die mir mit höflicher Aufmerksamkeit und sparsamer Mimik zuhörten. Es war nicht allein Fatens schönes, orientalisches Gesicht, ihre samtenen, mandelförmigen Augen, die mich gefangennahmen, es war das leidenschaftliche Interesse, das darin brannte, die Intensität und Erwartung, mit der sie mich offen ansah. Es war ein kalter, grauer Regentag, dessen Licht auf uns abfärbte, nur Faten, in kräftige Farben gekleidet, stach daraus hervor. Ich blickte immer wieder zu ihr hin und dachte: Wenn ich diese Frau mit einem Wort beschreiben müßte, dann wäre es das Wort: ECHT.

Genauso echt wie der Mensch Faten sind die Worte, mit denen sie ihre Geschichte erzählt. Sie sind klar, unaufdringlich, ohne Sentimentalität und Prätention. Nicht ein einziges Mal gleitet sie in einen politischen Slogan, ein peinliches Klischee ab. Faten denkt und spricht geradeheraus und ehrlich. Sie versucht kein Mitleid und keine Bewunderung für sich herauszuschlagen. Ausgerechnet sie, eine christliche Palästinenserin, die allen Grund hätte, zu klagen und zu schimpfen, die sich, von der arabischen Männergesellschaft, der israelischen Besatzung und den islamischen Machtansprüchen bedrängt, durch zahllose Verbote schlängeln muß, bleibt in ihren Ausführungen ruhig und gelassen. Natürlich fühlt sie sich häufig verletzt und mißachtet, ist schockiert von oder konsterniert über das intolerante Verhalten ihrer Mitmenschen, rebelliert auch hin und wieder. Doch nie verliert sie ihre Würde, eine Würde, die so tief in ihrem Wesen verankert ist, daß ihr weder die Gebote ihrer eigenen Gesellschaft noch die Schikanen der Israelis oder die als Bedrohung empfundene muslimische Übermacht etwas anhaben können. Aus dieser Würde bezieht sie die Kraft, die sie braucht, um nicht am Leben zu verzweifeln und ihm darüber hinaus noch ein paar schöne Seiten ab-

6

zuringen. Sie lernt schon früh, sich mit dem Leben zu arrangieren, wird jedoch nie zur Opportunistin.

Fatens Eltern waren mit ihr, einem zwei Monate alten Säugling, und ihrem älteren Bruder aus dem kleinen palästinensischen Ort Beit Jala nach Deutschland ausgewandert, ein Entschluß, der der Familie materielle Vorteile einbrachte. Sie ging in einen deutschen Kindergarten und eine deutsche Schule, hatte deutsche Freundinnen, sprach nur deutsch und fühlte sich bis zu ihrem zwölften Lebensjahr als kleine Deutsche. Mit den ersten Anzeichen der Pubertät jedoch änderte sich ihr Leben radikal. Der Vater, ein in der arabischen Kultur und Tradition verwurzelter Mann, verbot seiner Tochter die Freiheiten, die sie als kleines Mädchen genossen und für selbstverständlich gehalten hatte. Faten durfte das Haus, die letzte Bastion in einer fremden, westlich verruchten Welt, nur noch unter Aufsicht verlassen. Sie, die es dank einer wachen Intelligenz weit gebracht hätte, mußte die Schule nach der Mittleren Reife verlassen und ein zurückgezogenes Leben in den eigenen vier Wänden führen.

„Die Ehre eines Mädchen ist wie Glas", erklärte ihr die Mutter, „wenn sie zerspringt, kann man sie nie mehr kitten, und kein Mitglied deiner Familie wird je wieder hoch erhobenen Hauptes durch Beit Jala gehen können."

Faten sah sich vor die Wahl gestellt: Entweder Deutschland, in dem sie aufgewachsen war und sich zu Hause fühlte, oder Beit Jala, das sie nur aus kurzen Ferienbesuchen kannte; entweder Schande und Freiheit oder Großfamilie und Geborgenheit. Es war eine zu schwere Entscheidung für ein so junges Mädchen, aber sie wußte, daß sie unausweichlich war und eines Tages getroffen werden mußte. Als sie ins heiratsfähige Alter kam, das mit 16 Jahren anfängt und mit 20 kritisch zu werden beginnt, beschlossen ihre Eltern, sie in Beit Jala zu verheiraten. Es war höchste Zeit, denn Faten war fast 20 Jahre alt. Aber sie war auch ein schönes Mädchen, und ihre Eltern brauchten nicht lange auf einen standesgemäßen Heiratskandidaten zu warten. Er kam im Handumdrehen, viel zu schnell für die immer noch unschlüssige Faten, die bereits beim ersten Treffen der beiden Familien ihre Einwilligung geben sollte. Das ging ihr zu weit, und sie setzte durch, ihn unter den wachsamen Blicken zahlreicher Familienangehörigen drei Mal zu sehen – eine absolut unübliche Forderung, die ihre Eltern in arge Verlegenheit brachte, ihr jedoch gestattete, sich einige Minuten mit ihrem Bewerber, Nicola, auf den Balkon zurückzuziehen und dort ein paar persönliche Worte mit ihm zu wechseln.

Hatten sie diese Worte überzeugt? Hatte sie dem Druck ihrer Familie nicht standhalten können? War sie einer Intuition gefolgt, oder hatte sie einfach nur Roulette gespielt und ihr gesamtes Leben auf rot gesetzt? Wie immer: Sie willigte in eine Ehe ein, und das Rot kam in Form eines guten, klugen Mannes. Er gab Faten die höchstmögliche Freiheit, die ein arabischer Mann seiner Frau geben kann, ohne dabei das Gesicht zu verlieren. „Es ist leichter", sagt Faten, „in einem unfreien Land zu leben, in dem man etwas mehr Freiheit hat als der Durchschnitt, als in einem freien Land als Unfreie. Hier lebe ich in einem unfreien Land, habe aber, dank meines Mannes, etwas mehr Freiheit als andere Frauen."

Doch die relative Freiheit, die Faten als Frau besitzt, besitzt sie nicht als Mensch. Ihre nach wie vor heile Ehe findet in einem kaputten Land statt, das mit der Intifada seine Erde und Ehre zu retten versuchte. Fünf Jahre lang lebten Faten und Nicola, ihre zwei Söhne und zwei Töchter in der Angst vor den sraelischen Soldaten und in der Hoffnung, die Selbständigkeit Palästinas zu erwirken. Und tatsächlich kommt es mit der Machtübernahme Rabins zu einem Friedens– und Autonomieabkommen. Rabin und Arafat schütteln sich in Washington, vor dem Weißen Haus, die Hand, Euphorie bricht unter den Palästinensern aus. In Gaza und Jericho, den ersten als autonom erklärten Städten, weht von allen Häusern die palästinensische Fahne, auch in Fatens Wohnung hängt sie, verfrüht, und ist der Stolz der Familie. Mehr und mehr Städte werden in die Unabhängigkeit entlassen, darunter Bethlehem und Beit Jala. Die palästinensische Polizei löst das israelische Militär ab, und neuer Jubel bricht aus. Oh, schöner, kurzlebiger Vogel Hoffnung!

Rabin wird ermordet, der Likud, mit Netanyahu an der Spitze, kommt an die Macht. Der Friedensprozeß beginnt zu siechen und zu sterben; was davon bleibt, sind die sogenannten autonomen Gebiete, hermetisch abgeschlossene Ghettos ohne Verbindungsstraßen, von Check-

8

points, Siedlungen und israelischem Militär umzingelt.

Die Stimmung bei den Mukarkers ist gedrückt. Nicolas Betrieb, in dem er Gummiband, Borten und verschiedenes anderes Zubehör herstellt, ist vom Bankrott bedroht, Nicola selber leidet an zu hohem Blutdruck und Schwächeanfällen. Die ältere Tochter studiert bereits in Deutschland, die beiden Söhne wollen demnächst zum Studium ins Ausland gehen. Es bleibt die kleine Monika und an der Wand die palästinensiche Fahne, Symbol einer kurzen, hoffnungsvollen Zeit. Faten macht weiter. Sie lädt, um die Finanzen aufzubessern, christliche Gruppen zu einem Mittagessen in ihr Haus ein und erzählt ihnen vom Alltag einer palästinensischen Frau. Wie sieht der aus? Im Arabischen sagt man: „Schlaf, schlaf, steh auf, steh auf!" Man könnte noch hinzufügen: „Koch, koch, putz, putz!" Faten tut das alles klaglos. Worunter sie am meisten leidet, ist das Eingeschlossensein — nicht als Frau, sondern als Mensch. Palästinenser dürfen nur noch mit Sondergenehmigungen in israelisches Gebiet, also auch nach Jerusalem. Manchmal erhalten Faten und Nicola die Sondergenehmigung, manchmal nicht. Es hängt von der Laune der Militärbehörde ab. Explodiert in Israel eine Bombe, werden die autonomen Gebiete dichtgemacht, und kein Palästinenser kommt mehr heraus, ob mit oder ohne Sondergenehmigung. Ein kollektives Strafverfahren, dem auch die Familie Mukarker zum Opfer fällt.

„Früher", sagt Faten, „sind wir manchmal ans Meer gefahren. Das war so schön!" Das Meer ist knappe 60 Kilometer von Beit Jala entfernt. Die kleine Monika weiß nicht, wie Meer aussieht, und für Faten ist es eine Fata Morgana geworden.

„Schlaf, schlaf, steh auf, steh auf!"

Nein, Faten ist keine gebrochene Frau. Ihre schönen, mandelförmigen Augen sind immer noch so blank und wißbegierig wie an dem Tag vor acht Jahren, an dem ich sie kennenlernte, und sie ringt dem Leben immer noch gute Seiten ab. Da sind die christlichen Feste mit dem hübsch geschmückten Weihnachtsbaum und den bunt gefärbten Eiern, da sind die Familienfeiern, für die sie tagelang kocht; da ist ihr Mann und die lebendig gebliebene Ehe, da sind die gut geratenen Kinder, die Schätze ihres Lebens; da sind sogar Sondergenehmigungs–Reisen nach Deutschland. Und da ist ihr Glaube, unangetastet und als Kreuz auf ihrer Brust weithin sichtbar. Den kann ihr keiner nehmen, nicht die Muslime, nicht die Israelis. Sie ist und bleibt eine gläubige Christin, eine gute Palästinenserin, eine Frau mit einer so oft mißhandelten und trotzdem intakt gebliebenen Würde.

KAPITEL I.

Schwieriger Anfang

Im Jahr 1956 kamen wir, Mutter, Vater, mein vier Jahre alter Bruder und ich, nach Deutschland. Ich war damals ein Baby von zwei Monaten. Mein Vater hatte eine Stelle als Schriftsetzer bei der Zeitung „Skala" bekommen. Es ist eine in vielen Sprachen herausgegebene Zeitung über die Bundesrepublik Deutschland. Mein Vater arbeitete an der arabischen Ausgabe. Meine Mutter hat mir später einmal erzählt, wie für sie das Leben in Deutschland aussah. Am Anfang war es für sie sehr schwer. Die deutsche Sprache war ihr völlig fremd, sie konnte nicht einmal allein einkaufen gehen, weil ihr die Vokabeln fehlten. Mein Bruder besuchte den Kindergarten, und dort lernte er in zwei Monaten die Sprache so gut, daß meine Mutter ihn dann immer zum Einkaufen mitnahm. Sie sagte „chobes", er sagte „Brot", sie verlangte „halib", und er bat die Verkäuferin um „Milch." So nahm sie ihn überallhin als Dolmetscher mit. Ansonsten war meine Mutter immer zu Hause, kochte und putzte und zog uns Kinder auf. Wie sollte sie da die deutsche Sprache lernen? Sie hatte auch kaum Kontakt zu anderen Frauen, die ihr hätten helfen können, wenigstens einen Grundwortschatz zu lernen. So brauchte sie besonders lange, um deutsch zu lernen, und wir Kinder sprachen schon fließend, als sie immer noch händeringend nach Vokabeln suchte. Meine Mutter ist nie auf die Idee gekommen, einen Sprachkurs zu belegen. Sie ist eine arabische Frau, die ins Haus gehört, und Sprache lernt man mit der Zeit von alleine: Das war die Ansicht meines Vaters.

Ich habe auch erst hier die arabische Sprache richtig gelernt, und daher weiß ich, daß es besonders für meine Mutter sehr schwer war und sie daher auch lange außerhalb der Gesellschaft stand. Mein Vater brauchte in seinem Beruf nur wenig Deutsch. Sein Arbeitgeber war ein Araber. Im Gegensatz zu meiner Mutter lernte ich deutsch wie die deutschen Kinder auch: durch den Kindergarten, die Nachbarn und natürlich die Schule. Zu Hause sprach meine Mutter mit uns arabisch, aber wir Kinder haben eigentlich nie auf arabisch geantwortet, sondern immer nur auf deutsch, in der Sprache, die uns auf der Zunge lag. Wir verstanden so gut wie alles, was sie sagte, aber konnten wenig sprechen. Während meine Mutter zuerst keinen Kontakt zu Deutschen hatte, wurde es, als sie die Sprache besser beherrschte, einfacher. Sie lernte die Nachbarn kennen und hatte ein gutes Verhältnis zu ihnen. Der Anfang war aber ziemlich schwierig, und es kam zu kulturellen Mißverständnissen. Als meine Mutter genug deutsch sprechen konnte, um sich zu unterhalten, lud sie unsere Nachbarin zu uns nach Hause ein, wie sie es auch als Araberin gewohnt war. Aber der erste Versuch mißlang. Man schlug ihr die Tür vor der Nase zu. Erst als meine Mutter bei einer Großwaschaktion unseren Balkon zum Wäschetrocknen anbot, war das Eis gebrochen. Aber die Initiative mußte von ihr ausgehen.

Da sich in Deutschland kaum einer traut, den ersten Schritt zu tun, kommt meistens kein Kontakt zustande. Die Deutschen denken, man will etwas von ihnen. Hier in Palästina ist es in dieser Hinsicht viel freier. Man sagt: „Komm doch vorbei!", und keiner denkt: „Wer weiß, was der andere von mir will?" Wenn man in Deutschland sagt: „Ich habe dich doch schon so oft eingeladen, komm doch mal", dann sind viele mißtrauisch. Sie denken angestrengt nach, was man von ihnen will.

Meine Mutter war als arabische Frau gewohnt, nicht aufzumucken und keine eigenen Ansprüche zu stellen. Sie mußte unseren Haushalt führen und sich als Frau so verhalten, als wären wir nicht Tausende von Kilometern von Palästina entfernt. Ich habe die Erfahrung gemacht, daß Araber ihr Zuhause wie eine Insel ihrer Kultur betrachten, zu der sie aus einer fremden Umwelt wie nach einer Auslandsreise heimkehren. An dieser häuslichen traditionellen Innenwelt etwas verändern zu wollen, bedeutet, ein ganzes Lebenskonzept, das Halt gibt, umzuwerfen.

Mein Vater lebt seit 34 Jahren in Deutschland. Ich habe nicht das Gefühl, daß zwischen ihm und jemandem, der nie aus Beit Jala herausgekommen ist, ein großer Unterschied besteht. Er hat fast noch dieselben Ansichten wie die gleichaltrigen Männer in Beit Jala. Aber hier sind inzwischen viele Männer aufgeschlossener geworden. Vielleicht die jüngeren noch mehr als mein Vater. Ich habe versucht, dafür einen Grund zu finden: Mein Vater ist in Beit Jala aufgewachsen in einer Zeit, in der vieles als Tabu galt. Man lebte streng nach Geschlechtern getrennt, und als Mädchen hatte man fast keinerlei persönliche Freiheit. Der Mann hingegen war alles. Mit diesem Bewußtsein ging er nach Deutschland. Hinzu kam seine Überzeugung, auch nichts Neues aufnehmen zu wollen, weil alles, was aus dem Westen kam, seiner Meinung nach fremd und schlecht war. Er mußte in einer fremden Welt seine Identität bewahren und verließ sich dabei auf Altbewährtes. Die Leute, die hiergeblieben sind, konnten allem Neuen offener gegenübertreten als er und wurden langsam immer fortschrittlicher. Aber mein Vater ging mit der Erfahrung seiner Kinder- und Jugendjahre nach Deutschland und verschloß sich allem Neuen. In manchem ist er daher altmodischer als die Leute in Beit Jala, die nie das Land verlassen haben.

Meine Mutter war allem Neuen gegenüber zwar nicht unbedingt offener, aber was uns Kinder betraf, schneller bereit, Kompromisse zu schließen und uns zu helfen, wenn wir andere Wege gingen. Wenn ich in Deutschland einmal abends bis 19.00 Uhr ausging, fing mein Vater an zu schimpfen. Oft hat meine Mutter mich dann gedeckt, ihm erzählt, daß ich schon oben in meinem Zimmer am Lernen sei, und mich dann, wenn ich kam, durch die Hintertür heimlich ins Haus gelassen. Bis vor 10 Jahren hat meine Mutter in Deutschland gelebt. Meine Schwester, die damals 15 Jahre alt war, heiratete auch in Beit Jala. Mein Bruder und ich waren zu diesem Zeitpunkt ebenfalls verheiratet. Nur meine jüngste Schwester, damals 10 Jahre alt, war noch in Deutschland. Als alle Zeichen auf Abreise standen, argumentierte mein Vater, daß er es der Kleinen ersparen wolle, in Deutschland aufzuwachsen und sich dann wieder an das Leben in Beit Jala gewöhnen zu müssen. Für meine Mutter war es gar keine Frage, wieder zurückzugehen. Sie ist eine sehr soziale Frau mit vielen Kontakten, und ihr gesellschaftliches Leben in Deutschland war erheblich eingeschränkter als hier. Meine Mutter würden jetzt keine zehn Pferde mehr nach Deutschland zurückbringen, auch wenn sie oft dort ist. Mein Vater arbeitet noch in Deutschland und fliegt alle paar Monate hierher.

Wenn ich zurückdenke, kann ich mich noch gut an mein erstes Schuljahr erinnern. Wir hatten eine Schiefertafel mit einem Schwamm, und meine Schrift fing oben an und hörte unten auf. Ich war die einzige Ausländerin in der Klasse in Schwarz–Rheindorf bei Bonn. Ich glaube, ich wurde gut aufgenommen. Ich hatte eigentlich nie als Ausländerin Probleme, vielleicht, weil wir damals so wenige waren. Wenn ich denke, daß heute in manchen Fällen fast 50% der Kinder in den Klassen Ausländer sind, sieht das anders aus. Viele von ihnen sind bereits Ausländer der zweiten Generation, sind in Deutschland geboren und aufgewachsen, und es ist nichts Besonderes mehr. Das war zu meiner Zeit noch anders.

Ich war auf einer katholischen Schule, und nebenan war die evangelische Schule. Es hat mich immer sehr gewundert, daß es zwei Schulen gab, obwohl beide deutsche Schulen waren und beide christlich. Damals war das für mich noch nicht so verständlich. Ich war also auf der katholischen Schule, und wir hatten Religionsunterricht von einem, den wir immer „Herrn Kaplan" nannten. Eines Tages sagte er, daß wir uns auf die „heilige Kommunion" vorbereiten sollten. Das hieß dann, ein Katechismusjahr zu absolvieren. Zuhause sagte ich zu meiner Mutter: „Ich möchte auch Kommunion feiern." Ich verband dies mit einem schönen weißen Kleid, mit schwarzen Lackschuhen, einem Täschchen und einem schönen Haarreif. Das war für mich Kommunion. Meine Mutter sagte mir: „Nein, das geht nicht, das ist nicht unsere Religion: Wir sind griechisch–orthodox, und Kommunion ist nur was für Katholiken." Ich konnte mir damals nicht vorstellen, was es heißt, griechisch–orthodox zu sein; ich mußte das zwar immer bei „Religion" ausfüllen, aber was das bedeutete, wußte ich nicht. Ich bettelte so lange bei meiner Mutter, bis sie sagte: „Na gut, das ist ja auch etwas Christliches, da kannst du dann mitmachen." So kam dann der große Tag, ich bekam ein weißes Kleid, zwar ein gebrauchtes aus einer Annonce, aber immerhin, und ich bekam schwarze Lackschuhe und ein Täschchen. Dann gingen wir zum Gottesdienst, immer ein Mädchen neben einem Jungen, der einen schönen Anzug trug, und dort im Gottesdienst feierten wir zum ersten Mal die heilige Kommunion.

Das Schulsystem und die Art, wie unterrichtet wird, ist in Deutschland anders als auf der Westbank. Wir wurden zum Beispiel mit Mädchen und Jungen in einer Klasse unterrichtet — etwas, das in den Schulen der Westbank nur in Privatschulen der Fall ist. Hier gibt es auch nur ein einziges Schulsystem, von der ersten bis zur zwölften Klasse, die man mit dem „Tawjihi", dem Abitur, abschließt. Für meine Eltern war das komplizierte deutsche Schulsystem mit Haupt-, Mittel– und Oberschule ein Buch mit sieben Siegeln. Für sie wurde ich in die Hauptschule eingeschult, und dort blieb ich. Als die Kinder nach der vierten Klasse aufgeteilt wurden — manche gingen ins Gymnasium, andere auf die Realschule, die aber in dem nächstgrößeren Dorf war —, blieb ich einfach in der Hauptschule, die im gleichen Dorf war. Natürlich war ich zu jung, um zu sehen, ob das richtig oder falsch für mich war, obwohl ich aufgrund der schulischen Leistungen in eine andere Schule hätte gehen können, aber damals hat sich leider niemand für mich engagiert. Man hätte meinen Eltern sagen sollen, daß ich aufs Gymnasium gehöre, aber so blieb ich auf der Hauptschule und habe dann später, nach der 9. Klasse, einen Abschluß bekommen. Dieser Abschluß war so gut, daß man mir damals das zehnte Schuljahr angeboten hat, das zu dieser Zeit neu eingeführt wurde und mit dem man die mittlere Reife erwerben konnte. Mein damaliger Abschluß hatte einen besonderen Namen, der mir leider entfallen ist, eine Art Hauptschulabschluß mit Auszeichnung. Aus diesem Grund durfte ich das 10. Schuljahr besuchen, zu dem ich allerdings dann in das nächstgrößere Dorf mußte, wohin von allen Dörfern aus der Umgebung die Schüler kamen, die diesen besonders guten Hauptschulabschluß hatten. Das 10. Schuljahr war damals noch nicht Pflicht, sondern nur für gute Schüler, und dadurch habe ich nach diesem Jahr die Mittlere Reife erworben und bin daraufhin auf die Höhere Handelsschule gegangen. Aber die Höhere Handelsschule war zu schwer für mich, denn meine Mitschüler kamen alle aus der Realschule und hatten schon viele Dinge durchgenommen, die ich noch nicht gelernt hatte. Irgendwie hatten mir meine Eltern doch die Zukunft verbaut, weil sie sich nicht genug für das deutsche Schulsystem interessiert haben — auch die Lehrer haben sich nicht genug für mich engagiert.

KAPITEL II.

Strenge Sitten

Da meinen Eltern die deutsche Sprache fremd war, mußte ich mich in allem auf mich selbst verlassen. Nie haben mir meine Eltern bei den Hausaufgaben geholfen. Mein Vater arbeitete, und meine Mutter war mangels Sprachkenntnissen nicht in der Lage dazu. Ich war in allem, was die Schule betraf, alleingelassen. Daß ich niemanden fragen konnte, war immer schwer für mich. Meine Eltern wußten zwar, daß ich eine gemischte Schule besuchte, aber sie haben nie realisiert, daß wir gemeinsam mit den Jungen Sport hatten. Als wir mit der 9. Klasse unsere Abschlußfahrt nach Berlin machten, brachte mich mein Vater zum Bahnhof. Dort wartete bereits meine ganze Klasse. Als er der versammelten Mannschaft ansichtig wurde, sagte er auf einmal: „Da sind ja auch Jungens dabei" und wollte mich wieder mit nach Hause nehmen. Ich fragte ihn: „Ist dir das jetzt erst eingefallen? Das ist meine Klasse, und ich möchte gerne mit ihnen fahren." Dann ergriff der Lehrer meine Partei

17

und versicherte meinem Vater, daß wir in Berlin in getrennten Heimen untergebracht würden. Es brauchte einiges an Überzeugungskraft, um mich in den Zug nach Berlin zu bringen. Ein anderes Mal — ich war schon auf der höheren Handelsschule — kamen mein Vater und ich an unserer Schule vorbei. Auf dem Schulhof stand ein Junge aus meiner Klasse und begrüßte mich mit: „Hallo, Faten!" Mein Vater fiel aus allen Wolken. „Woher kennst du ihn? Woher kennt er deinen Namen? Wieso spricht er dich einfach auf der Straße an?" Ich wußte in dem Moment nicht, ob ich lachen oder weinen sollte. Schließlich war ich damals schon 17 Jahre alt, aber ich mußte die Reaktion meines Vaters ernst nehmen, weil es von seiner Einstellung abhing, ob ich weiter zur Schule gehen durfte oder nicht. Er hatte auch die Möglichkeit, es mir zu verbieten.

Dieser Unterschied zwischen dem Leben meiner deutschen Freundinnen und meinem eigenen Zuhause war einer der Gründe, warum ich mich später für ein Leben in Beit Jala entschied. Ich wollte auch so gerne wie meine Freundinnen ins Kino gehen, schwimmen gehen, auf Geburtstagsfeiern gehen, in die Diskothek, aber all das durfte ich nicht. Beispielsweise organisierte die Schule eine Jugenddiskothek. Natürlich durfte ich auch nie dorthin. Was nicht heißt, daß ich nicht manchmal auch dort war, aber natürlich heimlich. Mein ganzes Leben wurde auf diese Art zu einem Versteckspiel. Offiziell durfte ich nichts, als in die Schule und wieder nach Hause zu gehen. Ich durfte offiziell nicht zum Geburtstag von Freundinnen. Ich erinnere mich gut an einen Geburtstag meiner Freundin. Mein Vater wollte mich nach der Feier abholen. Selbst der Erlaubnis, überhaupt gehen zu dürfen, war schon ein langer Kampf vorausgegangen. Als sein Auto vor der Tür zu hören war, versteckte ich mich. Er sollte nicht wissen, daß auch Jungens eingeladen waren. Meine Freundin hat dann meinem Vater an der Tür gesagt, daß ich mich schon auf den Heimweg gemacht hätte. Ich durfte auch zu meinem eigenen Geburtstag keine Jungens einladen, und dieses Verbot war nicht altersgebunden. Es ist nicht so wie in Deutschland, daß man irgendwann ein Alter erreicht, in dem man vorher Verbotenes machen darf. In der arabischen Gesellschaft ist man als Frau nie alt genug für etwas. Vom 6. oder 7. Lebensjahr wird man als Frau behandelt. So erging es auch meiner Tochter noch. Als sie dieses Alter erreicht hatte, durfte sie sich nicht mehr bewegen, wie sie wollte, sondern im Alter von 5 Jahren ermahnte sie mein Mann schon: „Setz dich anständig hin!" Genau das war mein Dilemma in Deutschland. Es ging nicht darum zu warten, bis ich irgendwann einmal das passende Alter erreicht hätte, um endlich meine persönliche Freiheit genießen zu können. Ich wurde ja schließlich auch 18, dann 19, aber dennoch war es kein Unterschied zu meinen Kinderjahren. Ich durfte genauso wenig raus wie mit 12. Dieses bis in die Ewigkeit hinein angebunden zu sein und das in einem Land, in dem meine ganze Umwelt mehr Freiheiten hatte als ich, war schwer zu ertragen. Es ist leichter, in einem unfreien Land zu leben, in dem man etwas mehr Freiheit hat als der Durchschnitt, als unfrei in einem freien Land. Hier lebe ich z.B. in einem unfreien Land, habe aber etwas mehr Freiheit als andere Frauen. Diese Freiheit gibt mir mein Mann, natürlich.

Soweit ich mich zurückerinnern kann, hat man mir eingebleut, die Ehre eines Mädchens sei das Wichtigste auf der Welt. Meine Mutter hat mir immer erklärt, die Ehre eines Mädchens sei wie Glas. Wenn es zerspringt, kann man es nie mehr kitten. Ich war gezwungen, immer an Beit Jala zu denken und an die Tatsache, daß meine Familie hier erhobenen Hauptes durch die Straßen gehen mußte. Wenn ich in Deutschland etwas Ehrenrühriges unternehme, etwas, das in Beit Jala gesellschaftlich geächtet wäre, dann wäre für meine Familie das Leben in Beit Jala vorbei. Ich sollte also verstehen, daß meine Ehre und die meiner Familie mit einer Stadt verknüpft war, die 5000 km entfernt von Deutschland lag. Keiner in meinem Freundeskreis hatte eine derartige Zahl an Verwandten vorzuweisen. Aber unter ihnen gab es keinen, der mir wirklich nahe stand, da ich ja nicht mit ihnen aufgewachsen war. Mein Vater hat mir immer gesagt: „Denk nur ja nicht, daß ich dich einen Deutschen heiraten lasse!" Seiner Meinung nach waren deutsche Männer keine Ehemänner fürs Leben. So viele deutsche Ehen würden geschieden, und wenn ich heiraten sollte, dann sollte dies für ein ganzes Leben sein. Ich war mit vielem, was meine Eltern sagten, nicht einverstanden, aber eines war mir klar und das sagte ich ihnen auch offen: Ich wollte keinen Palästinenser heiraten. Wenn die Rede auf Heirat kam und meine Eltern hätten mich dazu gezwungen, dann drohte ich mit Selbstmord.

KAPITEL III.

Zwischen den Kulturen

Immer zwischen zwei Kulturen, dem Draußen und Drinnen pendelnd, wurde ich 19 Jahre alt, machte meinen Führerschein und begann eine Lehre als Arzthelferin. Mitten in meine ganzen Selbstzweifel hinein kam die Entscheidung meines Vaters, diesen Sommer wieder nach Beit Jala zu fahren. Ich mußte selbstverständlich mit. Wir waren schon zuvor alle zwei, drei Jahre für ein paar Wochen in die Westbank gefahren. Das Schönste an der Reise war eigentlich die Reise selbst: Wir fuhren mit dem Auto durch Österreich, Jugoslawien, Bulgarien, Rumänien, die Türkei, Syrien und Jordanien. In Jordanien dann durften wir nach 1967 nicht mehr mit dem Auto nach Beit Jala fahren, sondern mußten das Auto in Jordanien lassen und dann über die Allenby–Brücke nach Beit Jala gelangen. Auf der Rückreise hat mein Vater das Auto verkauft, das immer ein Mercedes und sehr beliebt in Jordanien war. Mit dem Gewinn sind wir mit dem Flugzeug zurück nach Deutschland geflogen. Manchmal habe ich zu meinen El-

20

tern gesagt: „Warum können wir nicht mal an die Nordsee fahren oder nach Tirol, wie die anderen Deutschen auch, warum müssen wir immer in dieses verdammte Beit Jala?" Aber meine Eltern wollten ihre Eltern und ihre Verwandten besuchen, und das war ausschlaggebend. Für mich waren diese Ferien immer sehr langweilig, weil meine Eltern eine riesige Verwandtschaft haben, und selbst der längste Urlaub hätte nicht ausgereicht, um alle diese Familien durchzubesuchen. Ich selber durfte auch nie alleine nach Jerusalem oder mir etwas ansehen. Ich mußte also immer an diesen Familienfesten teilnehmen.

Als Kind hatte ich mich eigentlich immer gefreut auf die Besuche in Beit Jala, aber als ich dann später als junges Mädchen hierher kam, sah ich bereits mit anderen Augen, wie man im Gegensatz zu Deutschland als Frau hier unterdrückt wurde. In den 70er Jahren gab es z.B. in Deutschland die Minimode — heute gibt es mini, midi oder maxi und alles ist modern —, damals jedoch gab es nur mini, und schon in Deutschland hatte meine Mutter mir die Röcke länger gemacht, sie hatte den Saum aufgemacht, aber als wir hier ankamen, waren die Röcke immer noch zu kurz, besonders für die Brüder meines Vaters. Da sagte mein Onkel zu meinem Vater: „Der Rock deiner Tochter bringt Schande über die ganze Familie!" Ich dachte damals: „Was für große Worte für so ein kleines Ding!", aber mein Vater sagte: „Das kannst du hier nicht tragen!" Da kaufte meine Mutter Stoff und nähte mir noch ein Stück an den Rock an. Natürlich war es für ein 17-jähriges Mädchen schrecklich, so etwas zu tragen.

An zwei Begebenheiten kann ich mich noch besonders gut erinnern, sie haben sich in mein Gedächtnis eingegraben. Mein Onkel ging mit meinem Vater und mir in die Stadt, um Verwandte zu besuchen. Ich hatte da meinen Rock an, der bereits auf Order meines Vaters verlängert worden, aber für Beit Jala halt immer noch zu kurz war. Mein Onkel wandte sich an meinen Vater und sagte: „So gehe ich mit deiner Tochter nicht über die Straße. Sie soll sich umziehen." Mein Vater schickte mich ins Haus zurück. Das war der Beginn einer Auseinandersetzung zwischen uns beiden. Ich sagte ihm: „Wieso kann ich diese Kleidung in Deutschland anziehen und du beschwerst dich nicht? Und jetzt auf einmal soll ich mich umziehen?" Die Antwort meines Vaters war: „Wir sind hier nicht in Deutschland. Ich bin schon zu lange aus der Stadt fort, und meine Brüder wissen besser, was sich gehört. Also richte dich danach!." Ein anderes Mal wollte ich meine Freundin in Bethlehem besuchen, und mein Vater erlaubte es mir. Als ich mich auf den Weg machen wollte, standen mein Vater und mein Onkel im Flur unseres Hauses. Wir wohnten ja immer, wenn wir in Palästina waren, bei meinen Großeltern, und die unverheirateten Brüder meines Vaters lebten im gleichen Haus. Mein Onkel verbot mir, das Haus zu verlassen. Ich entgegnete ihm voller Wut, daß ich von meinem Vater die Erlaubnis hätte zu gehen und daß ihn das gar nichts anginge. Darauf begann er mich zu schlagen. Mein Vater stand unbeteiligt daneben. Mehrmals gingen meine Antworten und die Schläge hin und her. Ich rief meinem Vater zu: „Du bist doch mein Vater! Hilf mir!", doch er antwortete: „Ich kann nichts machen. Hier habe ich nichts zu sagen. Ich lebe nicht hier. Wenn ich dir etwas erlaube und wir machen uns auf den Weg nach Deutschland, dann muß dein Onkel sich das Gerede über dich anhören. In der Zeit, in der wir hier sind, müssen wir uns der Familie und den Sitten, die es hier gibt, unterordnen." All diese Erlebnisse trugen nicht gerade dazu bei, daß ich Beit Jala mochte und gerne hierher kam — wir kamen ja auch nie als Touristen, wir machten keine Touren, fuhren nicht ans Mittelmeer: wir kamen und blieben am selben Fleck. Für meine Eltern war es halt ein großes Erlebnis, für mich eine schwere Zeit. Ich wäre viel lieber mit meinen Freundinnen nach England oder Frankreich gefahren. So mußte ich alle zwei Jahre die Ferien in Beit Jala verbringen. All diese Sitten und Einschränkungen bestärkten mich in dem Entschluß, nie einen Araber zu heiraten. Die Idee, mit einem Mann verbunden zu sein, der mir so vieles verbieten würde wie die Männer in meiner Familie, machte mich krank.

Doch es kam anders, schließlich wurde ich verheiratet. 1975 fuhren wir wieder in den Ferien nach Beit Jala. Meine Eltern hatten schon insgeheim den Gedanken, mich hier zu verheiraten. Ich muß dazu sagen, daß es schwer ist, wenn man eine Tochter hat. Wenn man z.B. einen Sohn hat, dann kann man mit dem Sohn praktisch an jeder Tür anklopfen und sagen: „Wir hätten gern die Hand Ihrer Tochter für unseren Sohn", aber wenn man eine Tochter hat, ist es viel schwerer, sie zu verheiraten, denn wie soll man es anstellen, sie zu verheiraten? Man kann sie ja schlecht anbieten. So machten sich meine Eltern schon Gedanken, wie sie es hinbekämen, daß ich hier bleibe. Das wußte ich natürlich zu der Zeit nicht. Wir kamen hier an, und bereits ein paar Tage später wurden wir zu einer Taufe in der Kirche eingeladen. Natürlich war das für meine Eltern ein guter Grund, mich mitzunehmen, denn bei solchen Festlichkeiten ist viel Familie zugegen, viele Bekannte, viele Verwandte, die mich dann sehen könnten. Ich sagte zu meiner Mutter, daß ich keine Lust hätte, zu dieser Taufe zu gehen. Sie sagte aber: „Nein, da mußt du mit, denn wir sind alle eingeladen!" Damals habe ich nicht gewußt, daß besonders in der Kirche beim Gottesdienst viele Eheanbahnungen stattfinden, denn das ist der einzige Ort, wo sich Jungen und Mädchen unauffällig sehen können, mit nur einem Auge, was niemandem auffällt, oder wo die Mütter der Söhne sich die Mädchen ansehen können, um dann dem Sohn zu sagen: „Ich habe ein hübsches Mädchen gesehen in der Kirche." Wenn ich meiner Tochter beispielsweise, sie ist 19, sonntags sage: „Komm, wir gehen in den Gottesdienst", dann sagt sie: „Nein, damit die Leute nicht denken, ich will heiraten" — das ist noch heute so. Damals aber habe ich das natürlich nicht gewußt und ging nichtsahnend mit. Als die Taufe zu Ende war, flüsterte mir meine Mutter bereits an der Kirchentür ins Ohr: „Heute Abend wird jemand kommen, um um deine Hand anzuhalten." Für mich war diese Eröffnung ein ganz schöner Schock. Meine spontane Antwort war, er solle auf keinen Fall kommen, und einen Araber heirate ich überhaupt nicht. Und einen, der um meine Hand anhält, ohne mit mir gesprochen zu haben, den wolle ich schon gar nicht. Sie entgegnete mir: „Die Sitte verbietet es, einfach abzulehnen, denn man kann einer Familie, die sagt, wir wollen euch besuchen, nicht ohne weiteres sagen, daß sie nicht kommen sollen. Schau ihn dir also an, und wenn er dir nicht gefällt, kannst du immer noch nein sagen." Ich sagte ironisch: „Wie beruhigend!", aber meine Mutter, die die deutsche Ironie nicht kannte, fand das eine richtige Antwort und sagte: „Laß uns sehen, was kommt!" So gingen wir nach Hause, d.h. zu den Großeltern. Sie wohnten damals in einem großen arabischen Haus, und dieses Haus bestand nur aus einem einzigen Zimmer, einem großen ara-

23

bischen Zimmer mit Wänden, die vielleicht zwei Meter dick waren, mit Fenstern, die Rundbögen hatten, manche waren wirkliche Fenster, andere nur Nischen, in denen man tagsüber die Matratzen aufbewahrte. Das waren übrigens nicht Matratzen wie in Deutschland, so sperrige, sondern solche, die man faltete. Sie waren mit Schafwolle gefüllt und wurden tagsüber in diese Nischen gelegt. Am Tag war das der Lebensraum, wo wir uns unterhielten, aßen, lebten, und abends war es Schlafraum, in dem jeder seinen festgesetzten Platz hatte: Der Großvater bekam eine Ecke, die Großmutter die andere Ecke, denn hier gehörte es sich nicht, wenn ältere Ehepaare nebeneinander schlafen, besonders wenn es nur ein einziges Zimmer war. Meine Onkel bekamen ebenfalls eine Ecke, meine Tante auch, und wir Kinder mit den Eltern bekamen die Mitte. Eigentlich war das immer ein schönes Erlebnis, eines der schönsten Erlebnisse, die wir hatten, denn es gab kein Fernsehen, überhaupt keine Elektrizität, nur eine Petroleumlampe, die wir abends anzündeten, und dann wurde erzählt. Alles, was man am Tag erlebt hatte, wurde diskutiert, über Politik, über Familie getratscht, über andere, alles mögliche... Das Praktische daran war, daß jeder bereits in seinem Bett lag, und, wenn er müde wurde, sich nicht mehr am Gespräch beteiligte und einfach einschlafen konnte. Wenn ich heute daran denke, wie wir heute leben: Wir sitzen vor dem Fernseher, und sobald ich nur etwas sagen will, rufen meine Kinder dazwischen: „Pst! Wir wollen den Film weitersehen!" Da verlernt man gänzlich zu diskutieren. Wenn dann die Kinder schlafen gehen, sitze ich mit meinem Mann noch vor dem Fernseher, oft verpassen wir den Punkt zwischen Noch–Fernsehen und Einschlafen und stehen dann um Mitternacht auf, den Hals geknickt, und gehen dann zu Bett, wo ich dann komischerweise hellwach bin. Oft sagt mein Mann zum Spaß: „Komm, wir gehen wieder zum Fernseher, damit wir einschlafen können!" Hier in der arabischen Welt spielt sich alles mit viel Familie ab. Viel Familie zu haben, heißt, ehrbar zu sein, jemand zu sein. Wenn man z.B. nur Mädchen hat oder keine Kinder, was hier das gleiche ist, dann wird man bedauert, auch wenn man vielleicht reich ist, wenn man hingegen viele Söhne hat, dann ist man ein ehrbarer Mann, auch wenn man vielleicht nicht viel Geld besitzt.

KAPITEL IV

Heiratspläne

Meine Eltern fingen also an, ihre Familien zu rufen, damit sie die fremde Familie begrüßt, die am Abend kommen sollte. Langsam füllte sich der Raum mit vielen Menschen. Ich saß auf einem Stuhl in der Mitte und sah, wie alle hereinkamen. Und da fing ich auf einmal an, mit mir selber zu sprechen, und sagte mir: „Auf was hast du dich da eingelassen? Du sitzt hier wie eine Ware, die man angucken kommt, und immer hast du dich lustig gemacht darüber, wie deine Mutter geheiratet hat. Jetzt bist du selber in so einer Situation." Dann dachte ich mir: „Gut, daß meine Freundinnen in Deutschland mich jetzt nicht sehen können. Ich würde im Erdboden versinken. Beim Abschied haben sie mir nämlich immer gesagt, auf plattdeutsch: „Laß dich nur ja nicht verkloppen!" Das heißt etwa: „Laß dich nur ja nicht verkaufen!" Und daran mußte ich immer denken.

So kreisten meine Gedanken um mich herum, und ich dachte, was das wohl für ein Mann sein könne, der jetzt kommt, um um meine Hand anzuhalten. Er hat mich nur einmal flüchtig in der Kirche gesehen, und ich dachte mir, ich würde ihm gönnen, daß ich einen Sprachfehler hätte, denn die Stimme zu hören, ist doch auch wichtig für die Einschätzung einer Persönlichkeit. Dann wurde ich wütend und dachte mir: „Eigentlich hat er mir etwas voraus. Er weiß wenigstens, wie ich aussehe, und ich weiß nicht einmal, wie er aussieht." Ich malte ihn mir also in den schlimmsten Farben aus, wie er wohl aussehen würde. In Gedanken ging ich noch einmal die Menschen durch, die in der Kirche gewesen waren, und dachte, vielleicht fällt mir ein Mann ein, der mir zugezwinkert oder zugelächelt hätte, aber keiner stach irgendwie aus der Menschenmenge hervor, die ich in der Kirche gesehen hatte. Meine Gedanken kreisten also darum, wie er wohl aussehen könnte, ob er alt oder jung sein würde, dick, lang, dünn, alles mögliche ging mir durch den Kopf, und in diese Gedanken hinein klopfte es auf einmal an der Tür, und dann kam für mich der schlimmste Augenblick meines Lebens: Die Tür ging auf, und ein alter Mann mit Bauch und Glatze kam herein. Ich hielt mich am Stuhl fest und sagte zu mir: „Hilfe! Bitte nicht!" Aber dann stellte er sich vor als der Onkel, und mir fiel ein Stein vom Herzen. Ich dachte: „Glück gehabt!", und dann kam sehr viel Familie herein, denn auch die hatten aufgetrieben, was man an Familie auftreiben konnte, und so kamen Onkel, Tanten, die Großmutter, die Mutter, Geschwister herein, und er kam zum Schluß, als letzter, und war ein gut aussehender, junger Mann von 27 Jahren. Man setzte ihn neben mich, und wir sollten uns unterhalten. Ich sah die ganzen Augen auf mich gerichtet und fühlte mich „wie bestellt und nicht abgeholt." Die Leute merkten, daß ich rot wurde und guckten dann nicht mehr mit zwei Augen auf uns, sondern nur noch mit einem. Sie fingen an, sich miteinander zu unterhalten, wollten aber auch wissen und sehen, was da vor sich geht. Er fing langsam an, sich mit mir über alles mögliche zu unterhalten, über Politik, über Religion, und er erzählte mir, daß er in Schweden studiert hatte, daß er sogar Mayonnaise kannte. Bis dahin war ich noch keinem Araber begegnet, der Mayonnaise kannte, und das machte ihn mir etwas sympathisch. Als meine Familie Obst und den traditionellen arabischen Kaffee angeboten hatte, ging die Familie nach Hause, denn wenn man Obst und Kaffee angeboten bekommt, heißt das, daß man sich langsam auf den Weg machen sollte. Nachdem die Leute fort waren, saß ich da, und zunächst sprach keiner aus meiner Familie ein Wort mit mir. Dann gingen wir schlafen, und am anderen Morgen kam seine Mutter, um meine Mutter zu fragen, ob ich in diese Heirat einwillige oder nicht. Ich muß dazu sagen, daß sich in einer solchen Situation, bevor man offiziell ja sagt, alles unter Frauen abspielt, denn Männer bekommen keine Körbe — zu denen sagt man nicht nein. Die Frauen machen das unter sich aus, und wenn man nicht will, wenn einem der Bräutigam nicht gefällt oder er gefällt der Familie nicht, dann erklärt man nicht: „Ihr habt uns nicht gefallen", sondern man verpackt das in schöne Worte und sagt: „Unsere Tochter will noch studieren, sie ist noch zu jung, sie will noch die Schule zu Ende machen ..." Das sind die Ausreden, die man sich einfallen läßt. Die andere Mutter kam also und fragte meine Mutter. Daraufhin sprach meine Mutter mich an und fragte mich, ob ich diesen Mann heiraten wolle. Sie sagte das in so einem Ton, wie wenn man fragt, möchtest du heute ein weiches oder ein hartgekochtes Ei haben, und da realisierte ich zum ersten Mal, daß meine Mutter die 20 Jahre Deutschland ganz anders aufgenommen hat als ich: Sie war und blieb eine arabische Frau, für die alles, was geschieht, gerade das Selbstverständlichste von der Welt war. Ihre Urgroßmutter, ihre Großmutter, ihre eigene Mutter und sie selbst haben so geheiratet, und so konnten sie sich auch gar nichts anderes für mich vorstellen. Ich sah sie an und sagte: „Natürlich nicht! Soll ich jetzt einwilligen, diesen Mann zu heiraten, den ihr eine halbe Stunde neben mich gesetzt habt? Wie stellst du dir das vor?" Ich hatte natürlich bestimmte Vorstellungen aus Deutschland mit Kennenlernen und ob man zueinander paßt und daß man erst lange überlegt, bevor man in eine Heirat einwilligt. Doch auf einmal mußte ich lachen, weil ich von meinen Freundinnen immer Geschichten gehört hatte wie: „Wir leben schon vier Jahre zusammen, aber ich weiß nicht, ob das der richtige Mann ist fürs Leben," oder: „Wir kennen uns erst seit vier Jahren, und das reicht noch nicht, um ja zu sagen." Und hier fragt mich meine Mutter nach einer Begegnung von nur einer Stunde. Da sagte ich natürlich nein. Ich wollte auch nicht hier leben, auf keinen Fall, aber seine Mutter, obgleich sie kein deutsch verstand, begriff dennoch durch meine Geste, daß ich nicht einverstanden war. Sie sagte jedoch: „Wir können ja noch ein zweites Mal kommen." Und ich überlegte mir, daß dieser Urlaub eigentlich sehr langweilig gewesen war, ich durfte ja nirgendwo hin, und etwas hatte mir gestern eigentlich doch gefallen: Es war ein Ereignis, ich war Mittelpunkt der ganzen Familie, und ein junger Mann hat sich mit mir unterhalten — also meinetwegen, wenn sie unbedingt wollen, so sollen sie ruhig noch einmal wiederkommen. Was habe ich zu verlieren? So kamen sie also noch einmal am gleichen Abend wieder, mit der gleichen Anzahl von Familie, und das gleiche spielte sich ab wie am Vorabend. Am zweiten Morgen kam dann wieder seine Mutter zu meiner Mutter und fragte, ob ich jetzt einwilligen wolle. Da dachte ich mir, mehr als einmal kann die Menschen nicht an der Nase herumführen, jetzt müßte ich also ein klares „Nein" sagen, sonst hätte ich mich zu schämen, daß ich so mit den Menschen spiele, und sagte dann nein. Wahrscheinlich hatte er seiner Mutter gesagt, ich habe ihm so gut gefallen, sie solle ihr Allermöglichstes versuchen und ja nicht mit einem „Nein" nach Hause kommen. Die Mütter diskutierten hin und her, bis dann auf einmal seine Mutter sagte: „Wir können ja noch ein drittes Mal kommen", und ich sah, wie sie sich das abrang, denn eigentlich ist das gegen die Ehre der Familie, dreimal zu kommen, ohne ein „Ja" oder ein „Nein" zu hören. Normalerweise kommt die Familie ein Mal, und nach diesem einen Mal fängt die Familie der Braut an, über den Bräutigam Erkundigungen einzuziehen. Man fragt den Bräutigam nicht direkt ins Gesicht, sondern schickt die Brüder aus, die sich bei seinen Freunden, seinen Verwandten erkundigen, z.B. was arbeitet er, wieviel verdient er, raucht er, trinkt er, spielt er, all solche Dinge. Wenn einem das gefällt, was man da hört, dann versichert man der Familie am anderen Tag: „Herzlich willkommen! Ihr könnt wiederkommen!" Hört man aber

Dinge, die einem nicht gefallen, dann benutzt man die obengenannten Ausflüchte: „Meine Tochter ist noch zu jung, sie will noch lernen usw.", aber dreimal kommen ohne „Ja" oder „Nein" ist im Grunde gegen die Sitte. Doch da ich nicht hier aufgewachsen war, hat man bei mir ein Auge zugedrückt. Am Abend vor diesem dritten Besuch saß die Familie zusammen und jeder wußte, das würde der letzte Besuch sein, danach würde die Familie, wenn sie ein „Nein" hört, nicht mehr wiederkommen. Daher fingen meine Familienangehörigen an, auf mich einzureden. Woran ich mich vor allem erinnere: Meine Großmutter meinte, ich wäre nun schon 20 Jahre alt, wer weiß, wann meine Eltern wiederkommen, wenn ich wiederkommen würde, dann wäre ich vielleicht schon 23 oder 24 Jahre alt, und dann bekäme ich so eine gute Partie nicht mehr. Dann bekäme ich vielleicht nur noch viel ältere Männer oder Witwer. Sie wollte mir damit klarmachen, daß dann der Zug für mich langsam abgefahren wäre, wenn ich bereits 24 Jahre alt wäre. Mein Vater meinte: „Ich habe jetzt so lange auf dich aufpassen können in Deutschland; wer weiß, wie lange ich das noch kann." Mein Großvater äußerte: „Das ist eine gute Familie, eine reiche Familie, reich an Land, an Ländereien." Nur habe ich damals nicht gewußt, daß man hier eher ein Kind verkauft als ein Stück Land. Mein Schwiegervater beispielsweise, den ich nicht mehr kennengelernt habe — er war herzkrank, hatte zehn Kinder, und bis 1967 gab es keine gute ärztliche Behandlung in Palästina, und jeder, der ernsthaft krank war, mußte in den Libanon, nach Beirut, ins Krankenhaus — mein Schwiegervater also hat es nicht übers Herz gebracht, ein Stück Land zu verkaufen, um sich behandeln zu lassen. So ist er mit 40 Jahren an einem Herzinfarkt gestorben und hat meine Schwiegermutter mit zehn Kindern in einem Land, in dem es überhaupt keine soziale Sicherheit gab, zurückgelassen. Jetzt haben wir zwar viel Land, aber das kostet uns viel Geld, anstatt viel Geld zu bringen. In der Intifada z.B. haben wir auf einem Stück Land, das in der Nähe einer jüdischen Siedlung direkt an der Grenze liegt und brachlag, aus Angst, daß sich die jüdische Siedlung auf unserem Land erweitert, die großen Felsbrocken zertrümmern lassen und damit Terrassen angelegt. Wir haben Erde gekauft, über 300 Lastwagen voll, und mit dieser Erde die Terrassen aufgeschüttet, bis es ein Garten wurde, den wir dann mit Bäumen bepflanzten, weil Gemüse allein nicht zählte, nur bepflanztes Land. So ein Land zu konfiszieren ist schwerer als Brachland. In der Intifada wurde immer wieder dazu aufgerufen, brachliegendes Land zu bebauen — wir hatten auch viel Zeit dazu, da es oft Streiktage gab, an denen man nicht arbeiten konnte. Natürlich war auch einer der Gründe, daß man sich selbst versorgen konnte mit Gemüse und Obst und daher vom israelischen Markt nicht mehr so abhängig war.

KAPITEL

Die Entscheidung

Dies alles hörte ich mir an. Aber in meinem Inneren gab es andere Beweggründe, die mich dazu brachten, daß ich schließlich ja gesagt habe: Ich ging noch einmal mein Leben in Deutschland durch, und da mußte ich wieder an all die Schwierigkeiten denken, die ich dort hatte, an all die Verbote, die mir auferlegt waren. Ich wußte auch, daß ich letzten Endes dieses Leben, das ich bislang in Deutschland geführt hatte, nicht weiterleben konnte. Ich mußte wieder daran denken, wie ich jeden Montagmorgen, wenn ich die Freundinnen von ihren tollen Wochenenden erzählen hörte, nichts dagegenzusetzen hatte; denn ich hatte natürlich nichts zu erzählen und nichts erlebt. Auch von der Heimlichtuerei hatte ich eigentlich die Nase voll: Immer wieder, wenn ich mit meinen Freundinnen unterwegs war, hatte ich Angst, daß ich nicht nur meinen Eltern, sondern auch anderen Arabern begegnen konnte, die mich kannten, die ich zwar nicht unbedingt kennen mußte, die aber wußten, ich bin ein arabisches Mädchen, und die dann bei meinen Eltern anriefen, um ihnen mitzuteilen, eure Tochter ist da und da und steht dort mit anderen zusammen. Wenn ich dann nach Hause kam, war mir die Nachricht, wo ich gewesen war, manchmal schon vorausgeeilt — das gab natürlich dann Krach zu Hause. Meine Nerven waren daher oft sehr angespannt, und ich mußte immer denken: Vielleicht begegnet mir wieder jemand, der mich kennt. Das war alles andere als ein angenehmes Leben. Aus diesem Grunde dachte ich mir dann doch, eigentlich sei die Zeit der Entscheidung gekommen: Entweder gehe ich zurück nach Deutschland und breche mit dem bisherigen Leben. Das hieße dann, von zu Hause — nicht ausziehen wie meine Freundinnen, sondern — ausreißen, ohne Adresse, Trennung von den Eltern, oder: jetzt und hier ja zu sagen und zu heiraten. Die erste Entscheidung, so überlegte ich, ist einfach nicht nur meine eigene Entscheidung, denn wir leben noch in einer Gesellschaft, in der es sich folgendermaßen verhält: Wenn eine Tochter ihrer Familie Schande macht, etwa von zu Hause ausreißt, dann trägt das nicht nur die engere Familie, sondern die ganze Großfamilie. Deswegen war das keine einfache Entscheidung: Ich hatte gewissermaßen die ganze Familienehre auf den Schultern, und wäre ich je mit einer solchen Entscheidung glücklich geworden? Auf der anderen Seite dachte ich: Irgendwann heiratet ein Mädchen sowieso. In Deutschland, so wußte ich, gehen oft auch Ehen auseinander, bei denen sich die Eheleute jahrelang zuvor gekannt, manchmal sogar zusammengewohnt hatten. Dies ist also auch keine Garantie für eine gute Ehe. Dann kam ich mir schließlich so vor, wie wenn man im Schwimmbad zum ersten Mal von einem hohen Sprungbrett ins Wasser springt — ich habe die Augen zugemacht und mein Jawort gegeben.

Meine Eltern konnten kaum ihren Ohren trauen, daß ich eingewilligt hatte, hier zu heiraten und hier zu leben. Sie waren natürlich sehr froh darüber, mich endlich „losgeworden" zu sein. Am anderen Tag gingen wir dann einkaufen. Der Bräutigam kauft Gold und Kleider für die Braut. Seine Mutter, seine Schwester, meine Mutter, meine Tante und ich gingen zusammen, denn natürlich sucht man nicht nach dem eigenen Geschmack etwas aus, sondern es muß erst allen gefallen. Ich erinnere mich, wie wir beim Goldschmied waren: Ich wollte nach deutschem Geschmack ein zierliches Armband haben, doch meine Mutter kniff mich in die Seite und sagte: „Du mußt ein schweres Armband nehmen, denn das ist eine Sicherheit für deine Zukunft." Also mußte ich mir ein dickes Armband kaufen, das mir überhaupt nicht gefallen hatte. Ich bekam ein Verlobungskleid gekauft, und wir gingen nach Hause.

Am anderen Tag war dann die Verlobung. Viele Menschen wurden eingeladen, von meiner wie von seiner Familie, auch ein Priester, denn die Verlobung findet immer im Haus der Braut statt. Am Abend, nach der Verlobung, nach der Zeremonie, wird ein großes Fest gefeiert mit viel Singen und Tanzen und Trommeln — man tanzt nach der Trommel. Dann war ich also verlobt, und ich dachte, jetzt könne ich diesen Mann auch näher kennenlernen, da wir ja nun verlobt waren. Da habe ich allerdings bemerkt, daß man Verlobte nie allein läßt, denn verlobt heißt ja noch nicht verheiratet, und daher besteht die Gefahr, daß man sich kurz vor der Hochzeit vielleicht streitet und auseinandergeht. Daher sichert sich die Familie der Braut immer durch irgend jemanden ab, der ständig dabei ist, wenn die Verlobten ausgehen, meistens der kleine Cousin oder der kleine Bruder, den man, wenn man Glück hat und ihm ein bißchen Geld gibt, damit er sich ein Eis kaufen kann, wenigstens für ein paar Augenblicke fortschicken kann. So verging dann die ganze Woche: Einmal war ich bei ihnen zu Besuch, am anderen Tag war er wieder bei uns zu Besuch. Wenn er bei uns war, saßen wir dann auf dem Balkon, denn es gab ja nur ein einziges Zimmer, und daher war nur noch der Balkon frei, wo wir uns einmal allein hinsetzen konnten, um miteinander zu sprechen. Ich sagte ihm, ich wolle aber jedes Jahr meine Eltern besuchen. Er stimmte zu. Ich sagte: „Außerdem möchte ich später einmal arbeiten." Auch hier stimmte er zu. Er ging auch auf meine weiteren Bedingungen ein. In der Praxis sah es dann allerdings anders aus: nicht weil er seine Versprechen nicht hätte halten wollen, sondern weil die Umstände, wie schon so oft, nicht so waren, wie sie hätten sein sollen. Zuerst hatten wir nicht genügend Geld, so daß ich aus finanziellen Gründen nicht jedes Jahr meine Eltern besuchen konnte, dann war ich es selbst, die nicht mehr nach Deutschland fahren wollte. Auch die Möglichkeit zu arbeiten, klappte nicht so, wie ich es mir erhofft hatte, denn ich konnte leider nicht arabisch lesen und schreiben.

Aber für lange Überlegungen blieb gar keine Frist. Ich hatte nur eine Woche Verlobungszeit, in der ich mir alles durch den Kopf gehen lassen konnte. Alles ging so schnell. Ich fand kaum Zeit, Luft zu holen. Alles raste auf mich zu, die Ereignisse schienen sich zu überschlagen. Erst Jahre später begann ich zu realisieren, unter welchem Druck ich eine der wichtigsten Entscheidungen meines Lebens treffen mußte. Erst da wurde mir klar, wie sehr ich mich buchstäblich auf ein Glücksspiel eingelassen hatte, so, als hätte ich sechs Zahlen getippt und mich auf mein Glück verlassen. Für die Vorbereitung blieb kaum Zeit, weil ja auch meine Eltern keine Zeit hatten und wieder zurückfahren wollten. Nach palästinensischer Sitte sieht sich das Brautpaar in der letzten Woche vor der Hochzeit eigentlich nicht mehr. Da ich aber nur eine Woche Verlobungszeit hatte, fiel diese Woche für mich aus, und mein Bräutigam kam nur die letzten zwei Tage nicht. Ich hatte ohnehin genug zu tun: Der Sitte folgend muß die Frau eine Bettdecke, Bettwäsche und Tischtücher mit in die Ehe bringen — alles Dinge, die ich schnell einkaufen mußte. Hinzu kamen Kleider für mich und die Ausstattung meines zukünftigen Schlafzimmers. Mangels Zeit wurde nichts beim Schreiner bestellt, sondern mein Bräutigam, die beiden Schwiegermütter und ich kauften es gemeinsam in einem Möbelgeschäft.

Einen Tag vor der Hochzeit machten wir in dem Haus seiner Familie ein großes Fest mit beiden Familien. Es wurde arabische Musik gespielt und die Tables, d.h. die Trommel, nach deren Rhythmus getanzt wurde. Die älteren Frauen ziehen immer ein jüngeres, unverheiratetes Mädchen in den Kreis, das je nach Charakter wirklich einen halben Schleiertanz aufführt oder nach kurzem Hüfteschwingen geniert wieder in den Reihen der Zuschauer verschwindet. Dann folgt ihr die nächste. Das alles spielt sich im Kreis der Frauen ab. Die Männer sind nur am Rand und aus der Ferne Zuschauer. Es ist fast ein ungeschriebenes Gesetz, daß Männer und Frauen getrennt voneinander feiern.

Am nächsten Morgen fand die Hochzeit statt. Wir hatten zwei Trauzeugen. Die Familie meines Mannes suchte den Mann aus und meine Familie die Trauzeugin. Unsere Hochzeitsreise ging drei Tage nach Ramallah. Bei unserer Rückkehr wurden wir mit einem großen Abendessen begrüßt, zu dem beide Familien eingeladen waren. Bei dieser Gelegenheit wurden wir dann beschenkt. Die meisten unserer Verwandten schenkten uns Geld. Meine Mutter stand neben mir und hatte sich ein großes Tuch um den Hals gewickelt, dessen Zipfel sie mit beiden Händen auseinander hielt. Mein Mann stand auf der anderen Seite. Nacheinander traten die Gäste vor uns hin. Sie hielten die Geldscheine zuerst an die Stirn meines Mannes, dann an meine und legten sie zum Schluß in das Halstuch meiner Mutter. Am darauffolgenden Tag war dann die Gratulation. Die Eltern der Braut bringen den Jungvermählten Obst, süße Teigwaren und einen ganzen Sack Erdnüsse und gratulieren dem Bräutigam. Die Erdnüsse sind das Wichtigste und auch als Symbol unerläßlich. Den Gästen werden die Erdnüsse in großen Schalen angeboten. Die Erdnußreste werden dann als Zeichen der Freude auf den Boden und nicht etwa in den Abfalleimer geworfen. Alle Frauen unter den Hochzeitsgästen bekommen ebenfalls ein Säckchen Erdnüsse in die Hand gedrückt und nehmen diese gern mit dem Spruch mit nach Hause: „damit es bei uns bald auch eine Hochzeit gibt."

KAPITEL

Fremde Heimat

Nach der Hochzeit lebte ich zusammen mit meinem Mann in der Großfamilie, d.h. mit meiner Schwiegermutter, deren Schwiegermutter, zwei Schwagern und einer Schwägerin. Die ganze erste Woche meiner Ehe durfte ich meine Eltern nicht sehen. Als die sieben Tage vorbei waren, luden meine Eltern die Eltern meines Mannes und uns zu einem großen Essen ein. Es ist traditionell als ein Abschiedsessen für die Braut von ihren Eltern gedacht. Als Zeichen der Trauer zieht man ein schwarzes Kleid an, damit ist der endgültige Abschied vom Elternhaus vollzogen. Am nächsten Morgen fuhren meine Eltern nach Deutschland zurück. Ich stand auf der Straße und winkte dem davonfahrenden Wagen nach. Auf einmal wollten meine Gedanken dem Auto nachlaufen. Ich sah mich halb in Trance dem Wagen hinterher eilen, auch wenn ich in Wirklichkeit wie angewurzelt stehenblieb. Dann waren sie um die Ecke verschwunden. Plötzlich kam mir alles so unwirklich vor. Warum war ich nicht ebenfalls im Auto und fuhr mit nach Deutschland? Dann kam die Ernüchterung. Ich stand mit einem fremden Mann auf der Straße. Er war zwar mein Mann, aber wie lange kannte ich ihn? Sogar das Land war für mich fremd, obwohl ich vor 20 Jahren hier geboren worden war, ebenso die vielköpfige Verwandtschaft und die Sprache, die ich zwar verstand, in der ich mich aber nur schlecht auszudrücken vermochte. Ich konnte mich nicht einmal mit meinem Mann ohne Probleme verständigen. Dann gingen wir nach Hause, und in den ersten Tage hatte ich große Mühe, mich in der neuen Situation zurecht zu finden. Ich fing an, Vergleiche zu ziehen, und außer dem schönen Wetter schnitt das Leben hier nicht besser ab. Plötzlich war vieles anders: In Deutschland deckten wir den Tisch mit vielen liebevollen Kleinigkeiten, hier steht alles kunterbunt auf dem Tisch; in Deutschland klopfte man an, wenn man ein Zimmer betrat, hier kam auf einmal jeder, ohne sich vorher anzukündigen, in den Raum geplatzt. Es waren so viele Kleinigkeiten des täglichen Lebens: was gegessen wurde und auch wie. Und all das schien sich zu einem Berg aufzuhäufen, der mich bedrückte. So konnte es nicht weitergehen. Ich sagte mir, jetzt hast du dich für einen Weg entschieden, und wenn man sich für etwas entschieden hat, dann muß man es auch durchhalten. Ich habe mich einer Art Eigentherapie unterzogen. Ich ging in mein Zimmer, ließ die Jalousien herunter, machte das Licht aus, und dann nahm ich so etwas wie eine Gehirnwäsche mit mir vor: Ich sagte mir, du bist jetzt geboren, alles was vorher war, gibt es nicht mehr. Du fängst jetzt ein neues Leben an wie ein Baby, das auf die Welt kommt und sich auch nicht aussuchen kann, ob es Palästinenser oder Amerikaner werden möchte. Ich dachte: Alles, was ich jetzt aufnehme, ist so, wie es ist, alles andere kenne ich nicht. Du fängst neu an, und alles, was du jetzt siehst und erlebst, ist für dich allein ausschlaggebend, alles andere ist vergessen. Immer, wenn meine Gedanken nach Deutschland flogen, habe ich sie mit Gewalt fortgedrängt. Ich wollte nichts mehr von Deutschland wissen. Es war auf einmal eine Art Überlebensfrage. So fing ich eine Art Doppelleben an, denn zugleich tat ich alles, um meiner neuen Familie zu beweisen, daß ich dazugehörte und daß sie keinen Fehler gemacht hatten, mich als

Ausländerin in ihren Reihen aufzunehmen. Im Arabischen sagt man: „Schlaf, schlaf, steh auf, steh auf!" Das heißt: „Sehr brav!" So lebte ich die Zeit nach meiner Hochzeit. Ich wurde zur Freude meines Mannes und der ganzen Familie ganz lieb und brav. Alle schwärmten von mir, wie lieb ich war und wie brav, aber all das ging auch manchmal auf Kosten meiner Persönlichkeit. Im Grunde war mir die ganze Zeit klar, daß ich im Innern anders war. Ich bin eigentlich gar nicht so lieb, aber ich wurde in so eine liebe Form gesteckt, daß ich nicht anders konnte. Meine ganze angeheiratete Verwandtschaft besaß jetzt ein Modellbild von mir, und ich mußte mich entsprechend verhalten. Jahrelang war ich darauf bedacht, niemanden zu verärgern. Wenn ich nicht zufrieden war oder mir etwas nicht paßte, dann behielt ich das für mich und fraß meine Wut in mich hinein. Weder meinem Mann noch meiner Schwiegermutter noch meiner Schwägerin habe ich je etwas davon erzählt, und es gab viele Dinge, die mich störten, z.B. konnte jeder in mein Zimmer, wann immer er wollte. Ich hatte eigentlich keine Privatsphäre mehr. Es gab auch Sachen, von denen ich unmittelbar spürte, daß sie Mißfallen erregen würden, und ich unterließ sie von vornherein: Ich hätte beispielsweise gern mein Zimmer abgeschlossen, aber ich spürte, daß man das nicht tat, das hätte so ausgesehen, als würde ich meiner Familie mißtrauen. Jeder spazierte also in mein Zimmer, wann er wollte. Meine Schwiegermutter machte z.B. jeden Morgen den Morgenkaffee für meinen Mann und mich, sie meinte es aus ihrer Sicht gut, aber es bedeutete, daß ich sechs Jahre von der Stimme meiner Schwiegermutter aufgeweckt wurde, die am Bettrand meines Mannes saß und sich mit ihm über den bevorstehenden Tagesablauf unterhielt. Sechs Jahre lang hatten wir nicht einen einzigen Morgen für uns, obwohl die Morgenstunden die einzige Zeit des Tages waren, an denen wir ungestört sein und miteinander reden konnten. Sich tagsüber in das Schlafzimmer zurückzuziehen, das einzige Zimmer, in dem man etwas Privatsphäre hätte haben können, schickte sich nicht, auch abends hatten wir keine Zeit für uns, und ich genierte mich, früher ins Bett zu gehen. Erst nachdem alle im Wohnzimmer zusammen saßen und der Fernseher lief oder wir uns unterhielten und dann alle müde waren und schlafen gingen, konnten wir uns auch zurückziehen. Wir haben kein einziges Mal gesagt, daß wir müde sind und eher ins Bett wollten. Ich habe immer davon geträumt, wie schön es wäre, wenn ich morgens aufstehen, meinen Mann umarmen und ihm einen guten Morgen wünschen könnte. Ich habe meinem Mann nie gesagt, daß es mich stört. Wie sollte ich es ihm auch erklären? Außerdem wollte ich immer nur alles, was unzufrieden machen könnte, vermeiden. Immer habe ich alles geschluckt. Meine Schwiegermutter meinte es ja auch gut und war der Ansicht, mir damit einen Gefallen zu tun, daß ich nicht selber aus dem Bett mußte, um den Kaffee zu kochen. Sie erwartete von mir beinahe, daß ich mich bei ihr bedankte.

Wir hatten gleich im ersten Ehejahr angefangen zu bauen, über dem Haus der Familie, aber die Fertigstellung der Wohnung über dem Erdgeschoß, also über meinen Schwiegereltern, zog sich sechs Jahre in die Länge. In dieser Zeit habe ich mir immer gesagt, warum sollte ich jetzt Probleme machen? Es ist ja ohnehin nur für eine bestimmte Zeit. Vielleicht hätte ich, wenn ich für immer mit der Großfamilie hätte leben sollen, meine Probleme nicht für mich behalten. Aber die Bauzeit zog sich Jahr um Jahr in die Länge, und ich sagte mir immer wieder: „Halte durch! Später, wenn du allein wohnst, kannst du so leben, wie du willst!"

Von dem Tag an, als wir unsere eigenen vier Wände hatten, ging ein großer Wandel mit mir vor: Ich konnte auf einmal den Haushalt führen, wie ich wollte. In der gemeinsamen Familienküche mußte ich mich in allem nach meiner Schwiegermutter richten, vor allem hatte es jeden Tag ein großes arabisches Mahl gegeben, und die arabische Küche ist sehr arbeitsaufwendig. Wenn ich beim Kochen einen Fehler machte, bekam ich es mit der Angst zu tun, daß es meinem Schwager nicht schmecken würde. In meinem eigenen Haus dagegen hatte mein Mann für meine Fehler Verständnis und nahm es mir nicht übel, wenn ich z.B. einmal etwas anbrennen ließ oder etwas nicht schmeckte. Diese Angst war auch der Grund, warum ich im Haus meiner Schwiegermutter nie richtig kochen lernte. Es dauerte vier Jahre, bis ich richtig Reis kochen konnte. Während der ganzen Zeit hatte ich immer Angst, aus Versehen zu viel Wasser für den Reis zu nehmen, denn wenn man zu viel nimmt, wird er matschig, und wenn man zu wenig

Wasser nimmt, bleibt er hart. So hat mein Mann immer das Wasser für den Reis aufgesetzt. Diese Angst war wie weggeblasen, als ich schließlich allein kochen konnte.

Schwierig war es in der gemeinsamen Wohnung auch mit meinen Kindern: Sie wurden von allen miterzogen, und ich hatte es kaum in der Hand, sie so zu erziehen, wie ich es wollte. Gern hätte ich mit ihnen deutsch gesprochen, aber ich habe mich geschämt, denn alle sprachen arabisch, und wir waren nie allein in der Familie.

Als ich mein erstes Kind bekam — ich hatte zwar meinem Mann gesagt, daß wir zunächst besser keine Kinder bekommen sollten, doch er sah mich ganz entsetzt an und erwiderte: „Was? Damit die Leute denken, daß dir oder mir etwas fehlt? Das geht nicht!", so war ich dann auch direkt schwanger — als ich dann also das erste Kind bekam, es war ein Sohn und er hieß Fu'ad, so wie mein verstorbener Schwiegervater, stieß meine Schwiegermutter die hier üblichen Freudenrufe aus, die sich ein bißchen wie Jodeln anhören, und viele haben vor Freude geweint. Wir haben ein großes Fest gegeben, zu dem die gesamte Verwandtschaft eingeladen wurde, und dieses Fest dauerte bis tief in die Nacht. Ich hatte immer davon geträumt, drei Kinder zu haben, zwei Jungen und ein Mädchen. Ich dachte: „Ein Junge allein reicht nicht für diese Gesellschaft, deshalb brauche ich zwei, und bei einem Mädchen würde nie einer sagen, daß ich nur eine einzige Tochter hätte, die eigentlich eine Schwester bräuchte" — das war also das Minimum: zwei Jungen und ein Mädchen. Als es bei der zweiten Geburt dann ein Mädchen war, fing ich an zu weinen, denn ich hatte Angst, daß ich vielleicht noch mehr Mädchen bekommen würde und dann mehrere Kinder hätte. Meine Kinder kamen in einem Privatkrankenhaus zur Welt, wo ich ein eigenes Zimmer hatte und wo meine Schwiegermutter, meine Mutter und mein Mann dabei waren.

Die Jahre nach meiner selbstverordneten Gehirnwäsche waren, was mein Verhältnis zu Deutschland betrifft, schwer. Nachdem ich mein erstes Kind bekommen hatte, luden meine Eltern mich ein, nach Deutschland zu fahren. Bevor ich abreisen konnte, war ich wieder schwanger. Ich benutzte die Schwangerschaft als Vorwand, nicht fahren zu müssen. Ich hatte Angst vor Deutschland und davor, dort meine Freunde wiederzusehen und sie in einem Leben vorzufinden, das dem meinen überhaupt nicht ähnelte. Ich hatte auch Angst davor, vielleicht nicht wieder nach Beit Jala zurück zu wollen, wenn ich erst einmal in der Lage wäre, mein Leben in Palästina von außen her zu betrachten. So habe ich eine Deutschlandreise immer weiter hinausgeschoben. Es sollten zehn Jahre vergehen, bis ich endlich den Mut fand, nach Deutschland zu fahren. Ich habe dann meinen Mann gefragt, er stimmte zu und gab mir meinen Sohn als Begleitung mit, und ich entschied mich, lieber mit meinem Sohn als überhaupt nicht zu fahren und machte mich auf die Reise.

KAPITEL

Lob der Familie

Nach so vielen Jahren war die Begegnung mit Deutschland ein Schock. Ich besuchte meine Freundinnen, sah, wie sie lebten, und erkannte, daß ich in vieler Hinsicht ähnlich lebte wie sie. Sie hatten inzwischen alle geheiratet, aber von dem unabhängigen Leben, das sie vor der Heirat geführt hatten und nach dem ich mich gesehnt hatte, war auch nichts übrig geblieben. Alle hatten jetzt Familie, mußten den Haushalt führen und den Ehemann versorgen. Ich begann, sie zu fragen: „Geht ihr denn nicht mehr in die Diskothek?" „Dort waren wir schon seit Jahren nicht mehr", bekam ich zur Antwort. „Dorthin gehen wir ebenso wenig wie zu den anderen Orten von früher." Sie führten alle ein ganz gewöhnliches Leben, das dem meinen sehr ähnelte. Meine Freundin mußte wie ich morgens aufstehen, ihren Kindern das Frühstück machen, das Haus sauber halten, Mittagessen kochen und mit den heimkehrenden Kindern die

Schulaufgaben machen. Viele mußten auch darüber hinaus noch arbeiten gehen, etwas, was ich nicht mußte. Ich habe nie von ihnen gehört, daß ihnen die Arbeit Spaß macht. „Sei froh, daß du nicht arbeiten mußt", war ihr Kommentar, „ich bliebe auch viel lieber zu Hause bei den Kindern." Plötzlich erkannte ich, daß sich unser Leben doch sehr ähnelt, obwohl ich eigentlich aus einer Gesellschaft kam, die den Frauen erheblich weniger Freiraum läßt als die deutsche Gesellschaft. Daraufhin begann ich mich richtig auf Beit Jala zu freuen. Mir war plötzlich klar, daß ich die Wahl hatte zwischen Deutschland und Palästina. Wenn ich jetzt meinen Mann anriefe und ihm sagte, ich bliebe hier, was hätte er tun können? Die Entfernung zwischen uns war viel zu groß, und dieser Gedanke, daß ich mir selber aussuchen konnte, wo ich leben wollte, war wunderschön. Als ich zehn Jahre zuvor in Beit Jala blieb, hatte ich nichts außer einem Koffer, meine ganzen Privatsachen, Kleinigkeiten, an denen mein Herz hing, und meine Bücher waren in Deutschland geblieben. An diesem Punkt wurde mir auch klar: Ich fahre jetzt zurück, ich will zurückfahren, ich will in Beit Jala leben. Als ich wieder daheim in der Westbank war, habe ich zu meinem Mann gesagt: „Zum ersten Mal spüre ich wirklich, daß ich hier lebe und auch hier leben will. Erst jetzt bin richtig nach Hause gekommen."

Darin bestärkten mich auch einige Begebenheiten in Deutschland: Ich war im Schwimmbad mit meinem Sohn, und die Mädchen lagen „oben ohne" in der Sonne. Mein Sohn, der zwar erst zehn Jahre alt war, aber als arabischer Mann auch Augen dafür hatte, guckte sich die Augen aus. Da bin ich mit ihm nach Hause gegangen. Ich wollte doch nicht, daß mein Sohn so etwas sieht. Ein anderes Mal gingen wir im Park spazieren, und ich unterhielt mich mit meinem Sohn. Auf einmal kommt keine Antwort. Ich blicke zurück. Mein Sohn steht vor einem Paar, das auf der Bank sitzt, eng umschlungen, und er betrachtet die beiden fasziniert. Ich laufe zurück, ziehe meinen Sohn an der Hand mit mir fort und sage: „Entschuldigung!." Das Pärchen hatte gar nicht gemerkt, daß er da gestanden hatte. Indem ich ihn fortzog, dachte ich: „In diesem Land kannst du nicht mehr leben!", und das war auch einer der Gründe, warum ich meine Kinder lieber in einer arabischen Umgebung erziehen wollte.

Nachdem ich aus Deutschland zurückgekehrt war, sagte ich mir: „Du mußt ja gar nicht dein deutsches Leben so tief begraben. Warum holst du es nicht heraus und läßt es neben dem arabischen Leben bestehen?" Daraufhin fing ich an, mit meinen Kindern deutsch zu sprechen, ich fing auch an auszugehen. Ich habe mich einer Frauenbewegung angeschlossen, und ich habe die evangelische Gemeinde in Jerusalem kennengelernt. Wenn ich jetzt die Möglichkeit hätte, nach Deutschland zurückzugehen — ich glaube, ich könnte es nicht mehr. Dennoch denke ich, daß es ein großes Glück war, beide Seiten kennenzulernen und für mein Leben von beiden Seiten das Gute annehmen zu können. Dasselbe wünschte ich auch für meine Kinder. Ich hoffe, sie lernen beide Länder kennen, haben die Möglichkeit, später in Deutschland zu studieren und das Gute aus beiden Kulturen aufzunehmen. Ich habe z.B. in Deutschland gelernt, mit Kindern demokratisch umzugehen, ihnen zu erlauben, ihre Meinung zu sagen und eigene Entscheidungen zu treffen. Meine beiden Jungen und meine Töchter müssen mir alle gleichermaßen im Haushalt helfen, meine Söhne ebenso wie meine Töchter. Das ist etwas Ungewöhnliches für arabische Mütter. Dementsprechend ist auch die Reaktion meiner Umgebung. „Warum läßt du deinen Sohn im Haushalt arbeiten?", fragt mich meine Schwiegermutter, „du nimmst ihm die Ehre des Mannes." Wenn ich z.B. meinen Sohn rufe, muß er spitze Bemerkungen von seinem Onkel hören, der dann etwa sagt: „Deine Mutter ruft dich zur Hausarbeit! Schnell, vielleicht mußt du abwaschen oder die Betten machen!." Mein Sohn kommt dann in die Wohnung, sagt nichts und ist sauer. Aber er weiß, daß ich in dieser Beziehung zu keinen Kompromissen bereit bin. Für ihre Zimmer, die Betten und das Aufräumen sind sie selbst verantwortlich. Ich möchte meiner Schwiegertochter später nicht so einen Mann vorsetzen, wie ich ihn bekommen habe. Er käme nie auf die Idee, mir im Haushalt zu helfen. In Deutschland habe ich gelernt, daß die Frau auch etwas zu sagen hat und bei der Kindererziehung und der Arbeit mitreden kann. Hier hat der Mann seine Arbeit, und die Frau kommt nicht auf die Idee, ihm dabei zu helfen. Sie sagt, sie verstünde nichts davon. Mein Mann bezieht mich oft ein, wenn es um seine Arbeit geht, und hört auf meine Ratschläge. Die Initiative allerdings zu diesen Gesprächen geht meistens von mir aus. Ich habe ihm immer gesagt: „Wir leben zusammen, und du solltest auch wissen, was ich meine." Doch es war nicht einfach für ihn, denn er bekam oft Bemerkungen von seiner Familie zu hören. Mein Schwager oder meine Schwiegermutter sagten dann etwa abschätzig: „Diese Entscheidung kommt bestimmt von deiner Frau!" oder etwas derartiges. Wenn ich dann auch das Wort ergriff, bemerkte mein älterer Schwager: „Du bist eine Frau. Warum sagst du deine Meinung? Du hast einen Mann, und was dein Mann sagt, das gilt, nicht das, was du sagst." Das habe ich oft nicht verstanden, denn es war ja meine eigene Familie, in meinem eigenen Haus und nicht vor Fremden. Aber trotzdem hat er so etwas immer wieder geäußert. Das ist auch heute noch so. Wenn ich meine Meinung sage, dann erklärt er: „Wir sind Männer. Wir hören nicht auf Frauen!"

Das Gute in der arabischen Gesellschaft ist andererseits, daß man nie allein ist, immer gibt es Familienmitglieder, die nach einem schauen. Wenn ich z.B. krank werde, kommen sofort meine Schwiegermutter, meine Schwägerinnen, die Cousinen, ich habe also jede Menge Menschen, die mir helfen können. Auch die älteren Menschen sind nicht allein. Der ältere Mensch lebt in der Familie, er schläft dann mit im Kinderzimmer. Daher verstehe ich manchmal nicht, warum man in Deutschland oft sagt, man habe keinen Platz. Bei uns wird nicht an den Platz gedacht, sondern daß es der Vater oder die Mutter ist, die einen großgezogen haben, und die bekommen den Ehrenplatz — das fehlt mir beispielsweise in Deutschland: die Ehrerbietung gegenüber den alten Menschen und natürlich auch die Familienzusammengehörigkeit, die man hier hat. Ein Kind bleibt ein Kind, gleichgültig wie alt es ist, nicht so wie in Deutschland, wo man mit 18 Jahren den Eltern erklären kann, sie hätten einem nichts mehr zu sagen. Hier kann ein 40-jähriger Mann, Vater von vielen Kindern, von seinem Vater noch Prügel bekommen, wenn er sich schlecht benommen hat, aber er nimmt von seinem Vater auch Ratschläge an für seine Zukunft oder für seine Familie.

Wenn ich diese Aspekte der arabischen Kultur hier betrachte, dann fällt mir als erstes der Familienkontakt ein. Er hat viel Gutes. Man ist nicht allein, vereinsamt nicht. Letztes Jahr war ich zwei Wochen lang krank und lag nach einer Fußoperation im Bett. Mein Mann und meine Kinder haben von meiner Unbeweglichkeit nichts gemerkt. Die Familie hilft, wo sie kann, und fängt alles auf. Wenn ein Ehemann seine Frau nicht gut behandelt oder es Schwierigkeiten zwischen den Eheleuten gibt, dann kann sich die Frau an den älteren Schwager oder Onkel wenden und sich bei ihnen über ihren Mann beklagen. Wenn die männlichen Verwandten älter sind als der Ehemann, so wird er ihnen nicht entgegnen, das sei seine Sache, sondern er wird sich fügen und versprechen, sich zu bessern. Meine ganze Lebenserfahrung aus zwei Kulturen versuche ich besonders meiner Tochter weiterzugeben. Ich habe am meisten Angst davor, daß sie zu früh heiratet und schon mit 16 Jahren einen Bräutigam bekommt. Um eine frühe Heirat zu verhindern, ist man aber hier mit einem Problem konfrontiert: Man kann nicht so oft nein sagen. Das Argument, ein Mädchen wolle erst noch studieren, bevor es heiratet, zählt in den Augen vieler Leute nicht. Sie kommen trotzdem und halten um die Hand an in der Hoffnung, daß die Braut vielleicht doch eine Ausnahme macht. Wenn der erste Bewerber kommt und man nein sagt, dann kommt der zweite, dritte oder vielleicht auch vierte. Wenn man dann immer noch nein sagt, dann ist irgendwann ein Punkt erreicht, wo so schnell keiner mehr kommt, da er ja doch mit einer Absage rechnen muß. Das Neinsagen hat dann also auch seine Probleme. Ich möchte eigentlich, daß meine Tochter in den Grenzen der Möglichkeiten, die es hier gibt, auch etwas Freiheit hat, die aber natürlich nicht mit der Freiheit in Deutschland zu vergleichen ist.

KAPITEL

Religiöse Vielfalt

Als es um die Wahl der Schule für unsere Kinder ging, haben wir uns für Talitha Kumi entschlossen — das ist eine christliche, eine protestantische Schule, von Kaiserswerther Diakonissen ursprünglich in Jerusalem gegründet. Später, als nach dem Krieg die Schule in Beit Jala neu errichtet wurde und die Diakonissen sie nicht mehr unterhalten konnten, haben sie diese dem Berliner Missionswerk übergeben. Talitha Kumi ist eine Privatschule. Es gibt bei uns zwei Arten von Schulen, eine Regierungsschule und eine Privatschule. An den Privatschulen, die von den Kirchen getragen werden, wird natürlich auch Religionsunterricht erteilt, und es ist für uns Christen sehr wichtig, daß unsere Kinder auch Religionsunterricht erhalten. Talitha Kumi ist eine deutsche Schule, in der die Kinder auch Deutschunterricht bekommen — das kam mir natürlich sehr gelegen, und ich habe es begrüßt, daß meine Kinder auf diese Weise auch in der Schule deutsch lernen. „Talitha Kumi" heißt „Mädchen, steh auf!" und war zunächst eigentlich ein Internat nur für Mädchen, das dann jedoch mit einer Tagesschule erweitert wurde; später wurden dann auch Jungen angenommen. Dorthin geht man vom Kindergarten bis zum Abitur, man hat hier das Gesamtschulsystem. Talitha Kumi ist die einzige Schule auf der Westbank, die eine Sporthalle hat. Das hat die Kinder sehr gefördert. Meine Kinder spielen besonders gern Basketball, meine Tochter ist sogar im nationalen Team von Palästina als jüngste Basketballspielerin und war schon in Ägypten, in Tunesien und Jordanien mit der palästinensischen Mannschaft. An diesen Privatschulen hat man sehr guten Unterricht, sie sind bekannt für gute Bildung, besonders für die christliche Elite dieses Landes.

Da mein Mann griechisch–orthodox ist, ebenso meine eigene Familie und ich griechisch–orthodox geheiratet habe, lag es nahe, daß wir zur griechisch–orthodoxen Kirche gehen, obgleich ich selber eigentlich katholisch aufgewachsen bin. Also ging ich zu unserem Priester und sagte ihm, daß ich die heilige Kommunion bei den Katholiken genommen hätte, jetzt aber in unsere Kirche gehen wolle. Da sah er mich mit großen Augen an und sagte: „Was hast du gemacht? Dann kannst du nicht einfach wieder in unsere Kirche kommen. Da mußt du zum Patriarchen gehen, der muß dich erst absolvieren." Da dachte ich: „Na, du kannst mich gern haben!" und ging nach Hause. Danach bin ich jahrelang nicht in die Kirche gegangen, denn ich wußte, in die katholische kann ich nicht, es schickt sich nicht, da ich nicht katholisch bin, und in meine eigene Kirche konnte ich nicht — also habe ich mich über Jahre hin von der Kirche entfernt.

Ich muß dazu sagen: Ich lebe in einem Dorf mit ungefähr 10 000 Einwohnern, von denen 80 Prozent Christen sind und von diesen wiederum 80 Prozent griechisch–orthodox, 15 Prozent Katholiken und etwa 5 Prozent Lutheraner. Die griechisch–orthodoxe Kirche ist die größte und die älteste weit und breit. Manchmal denke ich, ich bin zwar griechisch–orthodox, aber was an mir ist griechisch? Oft habe ich den Eindruck, daß unser Patriarch eigentlich nur Interesse an Macht und an Geld hat. Wir aber sind für ihn nur eine Art Kirchenfüllung.

In Beit Jala gibt es eine protestantische und eine katholische, aber keine griechisch–orthodoxe Schule, die unseren Glauben vertritt und unsere Feiertage respektiert. Es gibt Feiertage wie etwa Mariä Himmelfahrt, wo wir zwei Wochen lang fasten für dieses Fest, und am Ende dieses Fastens ist ein großer Feiertag, den natürlich auch die Kinder mit feiern wollen. An dem Tag haben meine Kinder jedoch Schule. Ein anderer Feiertag ist der des Heiligen Nikolaus, des Schutzpatrons von Beit Jala, ein Feiertag mit einem großen Umzug, die Läden sind geschlossen, alle gehen zum Gottesdienst, meine Kinder haben jedoch Schule an diesem Tag. Am Reformationstag hingegen haben meine Kinder frei, aber sie wissen nicht genau, was dieser Tag für eine Bedeutung hat. Daher denke ich, es wäre gut, wenn wir eine Schule hätten, die unser Patriarch betreibt und in der unsere Feiertage berücksichtigt würden.

Andererseits: Wenn man sich nach allen Feiertagen richten würde, die es im Land gibt, dann hätten die Kinder vermutlich mehr frei als Schule. Unser Weihnachtsfest ist am 7. Januar, das Osterfest liegt ebenfalls eine Woche später als das westliche. Es gibt aber auch die Armenier, deren Weihnachtsfest am 18. Januar gefeiert wird. Manchmal muß man auch von der muslimischen Bevölkerung etwas Spott ertragen, die dann sagen: „Was macht ihr mit eurem Jesus? Der ist dreimal geboren, und zweimal kreuzigt bzw. beerdigt ihr ihn!" Das ist für diese Menschen durchaus kurios. Ferner sind unsere Priester leider nicht in Theologie und Seelsorge ausgebildet, sondern sie werden nach ihrer schönen Stimme ausgesucht. Das genügt. Dementsprechend fehlt dann auch der Kontakt zu den Menschen. Ein Priester z.B. war zuvor Holzschnitzer, ein anderer war Elektriker gewesen. Bei uns gibt es drei Dorfpriester. Jemand, der einen höheren Rang hat, ist stets ein Grieche, der natürlich nicht verheiratet ist, damit er immer weiter aufsteigen kann. Unsere Dorfpriester sind verheiratet und können daher in der Hierarchie nie aufsteigen. Manchmal habe ich das Gefühl: So, wie die Israelis unser Land besetzt haben, so hat die griechisch–orthodoxe Kirche unsere Religion besetzt, und wir sollten uns auch von der Religion her befreien. Aber das dürfte nicht so einfach sein.

Zehn Jahre nach meiner Übersiedlung hierher habe ich zufällig eine deutsche Frau in Bethlehem kennengelernt, die zu mir sagte: „Warum kommst du eigentlich nicht zur Erlöserkirche in Jerusalem?" Ich antwortete ihr, daß ich überhaupt nicht gewußt hätte, daß so etwas wie eine deutsche Gemeinde in Jerusalem existiere. Sie nahm mich dorthin mit und führte mich bei den deutschen Frauen ein. Das hat meinem Leben eine neue Wendung gegeben: Auf einmal hatte ich Zugang zu einer deutschen Bibliothek, ich konnte wieder deutsche Bücher lesen, wir hatten einen Literaturkreis, und mein Horizont erweiterte sich zunehmend, denn er war nicht mehr nur auf meine Familie beschränkt. In der Erlöserkirche habe ich den evangelischen Glauben kennengelernt, und er erschien mir nicht so streng, allein von den äußeren Formen her. In unserem Gottesdienst, der manchmal dreiundeinhalb Stunden dauert, durfte man beispielsweise nicht die Beine übereinanderschlagen, denn dann wurde man sogleich gerügt: Man sei hier nicht in einer Bar, hieß es, als ich einmal, da mich mein Rücken so schmerzte, die Beine übereinanderschlug. Aber in der Erlöserkirche störte so etwas keinen Menschen. Ich empfand den evangelischen Glauben so einfach und ohne viele Zwänge, daß ich mich schließlich der Gemeinde enger anschloß und an ihren Aktivitäten mitwirkte. Als dann allerdings die Intifada kam, brauchte man eine spezielle Genehmigung, um nach Jerusalem reisen zu dürfen. Daraufhin ging ich zum Militär, um mir diese Genehmigung zu besorgen. Ich nahm einen Brief mit, in dem mir der Propst bescheinigte, daß ich zur Gemeinde in Jerusalem gehöre und somit am dortigen Gottesdienst teilnehmen wollte. Der Kommandant las den Brief und fing an zu lachen. „Weißt du, wieviele Menschen in Jerusalem beten wollen?", fragte er mich, „das ist kein Grund für eine Sondererlaubnis." Damit zerriß er den Brief und warf ihn mir vor die Füße.

KAPITEL IV.

Eine Minderheit

Wir sind eine Minderheit in unserem eigenen Land: nur etwa zwei Prozent der Bevölkerung. Daher sitzen wir gewissermaßen zwischen zwei Stühlen. Als die israelischen Soldaten in unsere Dörfer kamen und die Intifada begann, schossen sie auf unsere Kinder, die Steine warfen, und es war für sie kein Unterschied, ob es sich dabei um einen muslimischen oder einen christlichen Jungen handelte. Für die Israelis sind wir alle Palästinenser. Für die eigenen Leute sind wir, da nicht muslimisch, auch wiederum keine echten Araber. Die können daher mit uns genauso wenig anfangen. Das ist sehr schade. In dem Dorf, in dem ich wohne, haben wir z.B. kaum Kontakt zur muslimischen Nachbarschaft: Jeder hat sein Leben, seine Mentalität und seine Ideologie, nach der er in seiner Gemeinde lebt, praktisch ohne mit der anderen in Berührung zu kommen. Wir wissen sehr wenig von ihnen, und sie wissen wenig von uns. Ein äußerlicher

Aspekt: Ich bin in der Frauenbewegung, und dort gibt es auch einige muslimische Frauen. Einmal sagte eine von ihnen zu mir: „Ihr Christen habt's gut! Ihr braucht keine Angst zu haben vor einer Scheidung!" — im Islam kann nämlich eine Frau durch einen einzigen Satz geschieden werden: „Du bist geschieden." Damit ist die Frau geschieden und muß nach 20 Ehejahren und 10 Kindern das Haus verlassen. Sie kann aber auch geschieden werden, ohne daß sie das vorher weiß: Ihr Mann geht zum Scheich, läßt sich da scheiden, und dieser Scheich bringt dann der ahnungslosen Ehefrau die schriftliche Mitteilung von der bereits vollzogenen Scheidung ins Haus. So etwas gibt es bei uns nicht. Ich wollte diese muslimische Frau trösten: „Weißt du, bei uns ist es so: Wenn wir einen schlechten Mann bekommen, der geizig ist oder schlägt, dann werden wir ihn auch nie wieder los. Wir müssen unser ganzes Leben an seiner Seite zubringen, und das hält sich meiner Meinung nach in etwa die Waage!" Da mußte sie lachen und sah auch ein, daß es furchtbar wäre, wenn sie einen schlechten Mann hätte, mit dem sie dann auf immer und ewig verbunden bleiben müßte.

Ein weiterer Unterschied: Die muslimische Frau ist noch mehr ans Haus gebunden. Sie darf nicht ohne die Erlaubnis ihres Mannes das Haus verlassen, hat viele Kinder, die sie wiederum braucht, um den Mann zu halten, denn im Islam darf ein Mann bis zu vier Frauen haben — nicht in seinem Leben, sondern gleichzeitig. Da kann es natürlich sein, daß sich ein Mann, wenn er eine jüngere Frau heiraten will, einfach von der älteren scheiden läßt, oder, was praktischer ist, denn die Kinder gehören in unserer arabischen Gesellschaft immer dem Mann, daß er die neue Frau einfach dazu heiratet. Die erste Frau bleibt damit bei ihren Kindern und sorgt für sie. Das ist natürlich für ihn praktischer, denn auf diese Weise hat er mehr Zeit für die neue Frau, und diese braucht sich auch um die früheren Kinder nicht zu kümmern, was ja eine nicht unbeträchtliche Belastung wäre. Das Problem ist, daß Gesetz und Religion in der islamischen Welt sehr stark miteinander verbunden sind. Gerichtet wird nach dem, was im Koran steht. Es gibt nicht, wie in Deutschland, weltliche Gesetze, und die Bibel dient nur religiösen Zwecken, sie ist kein Gesetzbuch.

Das gilt für alle arabischen Länder. Das ist Religion, daran ist nicht zu rütteln und auch nichts zu ändern. Das ist auch der Grund dafür, daß sich an der rechtlichen Situation von Frauen nichts ändern läßt. Wir können den Frauen nur auf Umwegen zu mehr Rechten verhelfen. Das frühestmögliche Heiratsalter liegt offiziell bei 14,5 Jahren, doch wird die Geburtsurkunde oft auf Wunsch der Eltern gefälscht, und so kann man ein Mädchen noch früher verheiraten. Wenn wir dieses Alter auf 18 Jahre anheben könnten, so wäre schon viel gewonnen: Dann wären die Mädchen bei der Heirat nicht mehr so jung wie bislang. Ein weiterer Punkt ist die Schulpflicht: Sie endet bei uns nach nur sechs Schuljahren, doch das Problem besteht hauptsächlich darin, daß es keine Institution gibt, die darüber wacht, daß die Mädchen auch wirklich sechs Jahre zur Schule gehen. In den Dörfern ist oft die nächste weiterführende, höhere Schule nach diesen sechs Jahren im nächstgrößeren Ort, und da gibt es Väter, die ihre Tochter einfach nicht zur Schule schicken. Sie sind der Meinung, lesen und schreiben zu können, genüge zum Heiraten. Wenn ein Mädchen dann nicht mehr zur Schule geht, wird es sehr schnell als Braut angesehen und verheiratet. Auch heutzutage ist es noch häufig so, daß die Braut keine Wahl hat und sie den Bräutigam nehmen muß, den ihre Eltern für geeignet halten. Falls der Cousin das Mädchen zur Braut haben will, so hat er das Recht, zu sagen, er wolle seine Cousine heiraten.

Vielleicht ist man in den Städten schon etwas moderner geworden. Auch bei uns Christen kann man sich ja den Bräutigam nicht selber aussuchen, aber wir haben immerhin die Möglichkeit, zuzustimmen oder abzulehnen. So gibt es also viele Gemeinsamkeiten zwischen Christen und Muslimen, besonders in der Erziehung der Mädchen, da auch wir Christen arabisch geprägt sind, denn wir leben in einem arabischen Umfeld.

Arafat hat uns einen weltlichen Staat versprochen, in dem die Religion nicht an erster Stelle stehen sollte. Darauf hoffen wir, denn für uns Christen ist Arafat der Garant für Freiheit: Er behandelt uns weitgehend gleichberechtigt, er hat in seinem Kabinett Christen, seine Frau ist Christin, und er garantiert uns ein freies Leben in Palästina. Wenn hier jemals — Gott behüte! — islamische Extremisten die Macht ergreifen würden, dann hätten wir Christen meines Erachtens in diesem Land nichts mehr zu lachen. Läßt man den religiösen Unterschied beiseite, so sind wir natürlich ein Volk, wir sind Araber, wir sind Palästinenser, wir haben die gleichen Hoffnungen, die gleiche Geschichte: die türkische Herrschaft, die englische Herrschaft, die jordanische und die israelische Besatzung. Wir haben gelitten, Christen und Muslime, Seite an Seite, und jede Seite hat ihre Opfer gebracht, Märtyrer für eine bessere Zukunft unseres Landes.

KAPITEL

Begegnungen

Besonders die Privatschulen wie Talitha Kumi, wo Christen und Muslime gemeinsam zur Schule gehen, fördern ein gutes Zusammenleben. Man lernt die andere Seite kennen, und gerade in jüngster Zeit ist der Schulleitung sehr daran gelegen, daß es kulturelle Begegnungen zwischen palästinensischen und israelischen Jugendlichen gibt. Mein Sohn beispielsweise war in den Sommerferien zu einer Begegnung in Haifa mit palästinensischen, deutschen und israelischen Jugendlichen. Dort hat er viele Erfahrungen sammeln können, denn leider kennen auch unsere Kinder die israelische Seite zunächst nur als Besatzungsmacht, als Soldaten, die hart und grausam waren. Und so hat er zum ersten Mal gesehen, daß auf der israelischen Seite auch Jugendliche sind, die genauso denken wie er. Dann hat die Schule die Jugendlichen nach Talitha Kumi in die Westbank eingeladen. Doch aus Sicherheitsgründen hat man sich darauf geeinigt, daß sich die jungen Leute in Tantur trafen, das an der Grenze, der „grünen Linie" liegt. Diese Begegnungen waren etwas ganz Besonderes.

Ein halbes Jahr vor der Intifada hatte ich meine Kinder bei einer Musikschule in Jerusalem, auf der israelischen Seite, angemeldet, doch als dann die Intifada begann, war es natürlich für die Kinder schwierig, nach Jerusalem zu kommen. Aber ich hatte mir vorgenommen, da man Frieden nur von unten her, also von Kindheit an lernen kann, mein möglichstes zu tun, daß meine Kinder weiterhin zu dieser Musikschule gehen können. Meine Kinder wollten schließlich nicht mehr mit ihren Instrumenten durch das Dorf gehen, denn dann wußte jeder, daß sie zur israelischen Seite unterwegs waren. So habe ich schließlich ein Privattaxi bestellt, mit dem sie von unserer Haustür bis zur Musikschule fahren konnten. Das hat mich natürlich jedes Mal viel Geld gekostet, doch es war mir wichtiger als alles andere, daß meine Kinder diese Musikschule weiterhin besuchten. Sie sind dann sechs Jahre lang dort geblieben. Die Lehrer, russische Immigranten, sprachen kein hebräisch, kein englisch und natürlich auch kein arabisch. Aber Musik braucht wohl keine andere Sprache, und so haben die Kinder bei ihnen viel gelernt. Mein ältester Sohn hatte Gitarrenunterricht, meine Tochter lernte Mandoline und mein jüngster Sohn Violine.

Meine Kinder gingen in diese Schule, bis zum Hebron–Massaker. Damals hat ein jüdischer Arzt, Baruch Goldstein, 29 Menschen beim Beten erschossen und über 100 verletzt. Diesen Tag werde ich nie vergessen. Wir hörten, wie jeden Morgen, Nachrichten, denn in diesem Land kann man nicht leben, ohne ständig Nachrichten zu hören: Es begann mit vier Toten, und je weiter die Zeit fortschritt, desto größer wurde die Zahl der Todesopfer. Von den Moscheen aus wurde zum Blutspenden für die Verwundeten aufgerufen. Die Menschen versammelten sich auch in Beit Jala zum Blutspenden und haben natürlich dabei demonstriert. Vor dem Krankenhaus war viel Militär, und bei den Unruhen wurden dann wiederum Menschen erschossen. Daraufhin wurde über Hebron eine Ausgangssperre verhängt, und das ausgerechnet im Ramadan, dem Fastenmonat der Moslems: tagsüber wird nicht gegessen, aber dafür abends. Es gibt mehrere Gerichte, und zwar gutes Essen, nicht so wie in den übrigen Monaten. Man ißt also durchaus mehr und besser als sonst, man wird eingeladen bei Familien, man lädt selber die Familie ein, und in einem solchen Monat ist eine Ausgangssperre natürlich besonders hart. Man kann überhaupt keine Nahrungsmittel kaufen und auch nicht arbeiten, um Nahrungsmittel kaufen zu können. Da sagten wir: „Wir sind gemordet worden, und wir werden obendrein bestraft. Und die Siedler, die laufen frei herum." Immer wenn ein Israeli einen Terroranschlag verübte, war er geisteskrank und unzurechnungsfähig; nie sagte man, er sei ein Terrorist. Baruch Goldsteins Grab ist heute ein Wallfahrtsort, und fromme Juden gehen zu seinem Grab und beten. In ihren Augen ist er ein Märtyrer, ein Held. Im Fernsehen sah ich damals auch, wie ein Siedler sagte: „Das war ein Geschenk für uns an Purim", da es kurz vor dem Purim–Fest war, oder ein anderer sagte: „Schade, daß wir nicht so viele Helden haben!.." An dem Tag des Massakers wurde die Westbank für lange Zeit geschlossen, und somit konnten meine Kinder auch nicht mehr nach Jerusalem. Als die Westbank wieder offen war, haben meine Kinder sich geweigert und gesagt, daß sie dort nicht mehr hingingen. „Wir haben jetzt so lange von dir gehört, daß wir dorthin gehen sollen, aber nachdem so etwas passiert ist, können wir das nicht mehr miteinander vereinbaren."

Solche Zwischenfälle zerstören viel. Im gleichen Jahr war ich mit meinen Kindern über die evangelische Kinderarbeit zu einer jüdischen Reformgemeinde in die Synagoge eingeladen worden, um das Laubhüttenfest zu feiern. Der Rabbiner, Tovia Ben–Chorin, der Sohn von Schalom Ben–Chorin, hat uns sehr herzlich empfangen. Er hat den Kindern erklärt, wie man das Sukkot–Fest, das Laubhüttenfest, feiert, und die Kinder waren sehr beeindruckt von ihm. Dann haben wir die Synagoge betreten, und mein Sohn mußte eine Kippa tragen. Der Rabbiner hat uns die Thora gezeigt, erklärt und daraus vorgelesen, mit jenem Stock, an dessen einem Ende eine Hand mit einem Zeigefinger ist. Was ich dann ganz rührend fand: Mein Sohn fragte Tovia Ben–Chorin: „Darf ich diese Kippa behalten?", und er sagte: „Natürlich darfst du sie behalten!.." Daraufhin habe ich ihn in unser Haus eingeladen, er kam auch mit seiner Frau, und wir sind so etwas wie Freunde geworden. Ich hoffe für meine Kinder, daß in der Zukunft nicht nur Ereignisse wie das Hebron–Massaker ihre Erfahrungen prägen, sondern daß vor allem gute Erfahrungen ihr Bild von der israelischen Seite bestimmen werden, so wie unsere Begegnung mit Tovia Ben-Chorin.

Für mich war die Erlöserkirche immer ein Ort der Begegnungen, wo ich Christen verschiedener Richtungen treffen konnte, deutsche Frauen, die mit Muslimen verheiratet sind, Deutsche, die mit palästinensischen Christen verheiratet sind und auch Deutsche, die mit Juden verheiratet sind. Dort trafen wir uns, unterhielten uns beim monatlichen Kaffee, den Frau Ronecker uns anbot, und der einzige Kontakt, der mir seit der Absperrung der Westbank geblieben ist, ist eigentlich der Bibelkreis in Beit Jala, den Propst Ronecker und seine Frau regelmäßig besuchen. Er findet bei einer Deutschen statt, die mit einem Palästinenser verheiratet ist. Dort treffen wir uns einmal in der Woche, um die Bibel zu lesen, aber auch, um über unsere Probleme zu diskutieren, über Politik und alles, was uns sonst auf dem Herzen liegt.

KAPITEL

Weihnachtsbaum aus zweiter Hand

Die schwerste Umstellung war für mich Weihnachten. Ich war in Deutschland jahrelang daran gewöhnt gewesen, daß am 24. Dezember Heiligabend gefeiert wird. Daher habe ich auch im ersten Jahr meiner Ehe am 24. Dezember einfach einen Baum geschmückt, und am 25. war dann für mich Weihnachten. Aber für meine Familie und für die meisten anderen Dorfbewohner war das ein ganz gewöhnlicher Arbeitstag, und irgendwie kam in mir keine Weihnachtsstimmung auf, denn Weihnachten muß man an allen möglichen Dingen spüren, an guter Kleidung, an gutem Essen, daran, daß man zum Gottesdienst geht. Da habe ich mir gedacht, im nächsten Jahr werde ich dann halt mit den anderen feiern. Zunächst war es ganz fremd für mich: Der 25. Dezember kam und war ein normaler Tag für alle, aber als schließlich der 6. Januar kam und wir in der Großfamilie Heiligabend feierten, das steckte dann doch an, und da war das Datum nicht mehr so wichtig.

Es ist hier sehr schwer, an einen schönen Tannenbaum zu kommen. Die meisten Leute haben hier einen Plastik–Tannenbaum, einen künstlichen Tannenbaum, aber ich hätte eher Weihnachten ohne Christbaum gefeiert als mit einem künstlichen. Doch da hatte ich — und ich weiß nicht, ob es so etwas noch einmal auf der Welt gibt — einen Second–hand–Weihnachtsbaum: Ich hatte eine Freundin aus einer deutschen Familie, die wohnte in Beit Jala, ihr Mann arbeitete bei den UN. Die Familie bekam jedes Jahr einen wunderschönen Weihnachtsbaum, den sie dann am 6. Januar abschmückte und mir übergab. Meine Freundin setzte den Baum in einen Eimer voll Wasser und besprühte ihn immer wieder, damit er noch lange schön grün blieb. Dann bekam ich diesen Weihnachtsbaum und schmückte ihn in meiner Wohnung neu. Das war schon lustig mit einem Second–hand-Weihnachtsbaum. Leider zog diese Freundin zurück nach Deutschland, aber lange Jahre hatten wir uns an ihren Bäumen erfreut.

Unser Weihnachtsfest 1995 war das erste ohne israelische Besatzung. Normalerweise war der Weihnachtsplatz vor der Geburtskirche immer voll von Militär, und daher kam nie weihnachtliche Stimmung auf. In diesem Jahr sollte nun das erste Weihnachtsfest unter Arafats Herrschaft sein. Ganz Bethlehem wurde geschmückt, und alle warteten auf den Weihnachtsbaum, den uns Finnland gespendet hatte. Die Weihnachtstage rückten näher, aber der Baum kam nicht an. Er kam überhaupt nie an, denn im Hafen von Haifa war der Baum abgefangen worden, da er nach irgendeinem israelischem Hygienegesetz nicht nach Bethlehem verladen werden durfte, um dann dort, in der Geburtsstadt Jesu, zu stehen. Natürlich sahen wir Palästinenser das als Schikane an und mußten uns daraufhin mit einem weniger schönen Baum begnügen. Schließlich wurde der Baum nach dem Weihnachtsfest freigegeben, doch da war es dann zu spät.

Letztes Jahr an Weihnachten hatte ich bereits alle Hoffnungen auf einen Weihnachtsbaum aufgegeben, denn alle Bäume waren so häßlich, und mir gefiel kein einziger. Da beschloß ich, mir auf andere Weise einen Weihnachtsbaum zu beschaffen: Ich besorgte mir ein Auto mit einem israelischen Kennzeichen, fuhr in der Nacht illegal über die

Grenze und sägte mir heimlich einen Weihnachtsbaum ab. Ich wußte, daß ich hiermit zwei Delikte auf einmal begangen hatte. Zum einen hatte ich illegal die israelische Grenze überschritten, zum andern ist es natürlich verboten, Bäume, die unter Naturschutz stehen, einfach abzusägen. Doch das war es mir wert, und ich dachte, wenn Gott will, daß ich einen Weihnachtsbaum in meinem Haus habe, dann wird er mich beschützen — das hat er ja dann auch getan.

Kurz vor der Osterzeit kam mein Mann eines Tages unerwartet mit einem deutschen Ehepaar nach Hause. Die beiden hatten sich verlaufen, sie wollten eigentlich nach Bethlehem und waren in Beit Jala gelandet. Was ich natürlich immer wieder bedaure, ist, daß Jesus in seinem Leben nicht auch in Beit Jala war, sonst hätten wir mehr Touristen. Die Deutschen hatten meinen Mann nach dem Weg gefragt, und er hatte ihnen erzählt, daß seine Frau deutsch spräche, und hatte sie eingeladen. Die beiden verbrachten einige Zeit bei uns, und da es Ostersamstag war, gingen wir dann mit ihnen zusammen zur Kirche, jeder mit eine Kerze, um das Licht zu holen. Sie hatten zu mir gesagt: „Wenn du einmal nach Deutschland kommst, so komm uns doch auch besuchen!" Wir hatten dann einen regelmäßigen Briefkontakt, und als ich später wieder einmal in Deutschland war, besuchte ich diese Familie mit meinem Sohn. Sie nahmen uns sehr herzlich auf, aber eines Abends, als wir über den israelisch–palästinensischen Konflikt sprachen, sagte der Mann: „Hätte Hitler noch ein paar Jahre regiert, dann hättet Ihr jetzt dieses Problem nicht." Ich erwiderte ihm: „Wenn Sie meinen, mir damit eine Freude zu machen, so muß ich Ihnen leider sagen: Das erfreut mich überhaupt nicht, was Sie da sagen. Die Juden sind auch Menschen, die das Recht haben zu leben." Ich war ziemlich schockiert, so etwas in Deutschland, viele Jahre nach dem Krieg, hören zu müssen, und bin dann recht traurig wieder nach Hause gefahren.

An der Erlöserkirche gibt es einen Literaturkreis, der allmonatlich zusammenkommt und gelegentlich auch Schriftsteller einlädt. Dort war eines Tages auch die Schriftstellerin Angelika Schrobsdorff zu Gast. Wir hatten ihr Buch „Jerusalem war immer schon eine schwere Adresse" gelesen, und sie hat mir sehr imponiert. Sie hatte eine jüdische Mutter und einen deutschen Vater, und da sie sich für die Palästinenser einsetzte, erfuhr ich etwas, was ich bisher nicht gewußt hatte: daß es auch auf der anderen Seite Menschen gibt, die sich um Gerechtigkeit und Menschlichkeit bemühen. Ich hatte Angelika Schrobsdorff eingeladen und ihr meine Telephonnummer gegeben. Eines Tages rief sie an, sie kam dann auch zu uns nach Beit Jala, und daraus wurde eine tiefe Freundschaft. Regelmäßig besuchen wir uns, und jedesmal, wenn etwas Schlimmes passiert ist, ein Anschlag beispielsweise oder auch nach Rabins Tod, rufe ich sie an, um mit ihr darüber zu sprechen. Sie lebt in Abu Tor in einem wunderschönen Haus, das sie auch in ihrem Buch beschreibt. Als ich zum ersten Mal in diesem Haus war — sie lebt an der Grenze, an der „grünen Linie", und sie hatte mir erklärt, wie man zu ihrem Haus gelangt —, hatte ich plötzlich ein Gefühl der Beklemmung: Es war ein arabisches Haus. Sie merkte es und sagte schnell: „Ich habe es gekauft." Damit wollte sie mir zu verstehen geben, daß sie es nicht direkt von einer arabischen Familie, die man von hier vertrieben hatte, übernommen habe, doch ich wurde das Gefühl nicht wieder los: Ich sah die Räume, die Fenster, bildete mir ein, arabische Stimmen zu hören und stellte mir vor, was die Menschen, die hier gelebt hatten, wohl gesagt haben könnten. Irgendwie hat mir der Gedanke, wo die früheren Bewohner wohl jetzt sein werden, wehgetan.

Ein Freund von Angelika Schrobsdorff, Johannes Mario Simmel, war eines Tages bei ihr zu Besuch, und sie rief mich an und fragte, ob ich nicht Lust hätte, am 5. Mai, dem Tag, an dem in Kairo die Verträge zwischen Rabin und Arafat unterzeichnet werden sollten, zusammen mit ihr nach Jericho zu fahren, um uns das gemeinsam im Fernsehen anzuschauen. Ich sagte gern zu, und sie kam mit Johannes Mario Simmel zu uns, um uns abzuholen. Er erzählte, daß seine Bücher 70 Millionen mal verkauft worden seien, worauf mein Mann erwiderte, wie reich er sein könnte, wenn er für jedes verkaufte Buch auch nur einen Schekel bekommen hätte. Wir sind dann zusammen nach Jericho gefahren. Dort hat man uns an der Grenze zur Stadt merkwürdigerweise nicht hineingelassen. Es hieß, wir Palästinenser dürften hinein, doch Angelika und Simmel nicht, denn Jericho sei gesperrt für israelische Autos. Das sagten jedenfalls die Palästinenser an der Grenze, und man konnte das als neue Apartheid auffassen. Das war das erste Mal, daß ein Auto mit dem gelben israelischen Nummernschild nicht nach Jericho hineinfahren durfte, im Gegensatz zu den blauen, die normalerweise an jedem Checkpoint zurückgewiesen werden. Darauf sagte Simmel: „Dann gehen wir ins Hotel in mein Zimmer", und so fuhren wir ins American–Colony–Hotel, in dem er wohnte, und haben uns die Unterzeichnung angesehen.

Mich beeindruckte an Angelika Schrobsdorffs Buch ihre Trauer über ihr Volk, das fähig gewesen war, uns in der Intifada so zu behandeln, wie sie es getan haben. Man hat erlebt, daß das ganz normale Menschen sind mit Haß und Liebe und Gewalt und allem anderen, wie bei jedem anderen Volk. Besonders ihr Satz, daß Opfer automatisch zu potentiellen Tätern werden, hat mich stark berührt.

Im Bibelkreis der Erlöserkirche habe ich gelernt, daß man auch für andere beten kann. Ich war bislang gewohnt gewesen, daß man sich in einem Gebet stets mit eigenen Wünschen, für das eigene Wohl oder vielleicht auch noch für das Wohl der Familie, an Gott wendet, doch daß man auch für Menschen, die einem gänzlich unbekannt sind, beten kann, für Menschen, die vielleicht in einem ganz anderen Land wohnen als man selbst, das war eine ganz neue Erfahrung für mich. Als der Weltgebetstag für die Frauen kam — ich hatte leider keine Möglichkeit, mich an der Liturgie zu beteiligen —, da kamen viele Gruppen ins Land. Da gab es eine Mitarbeiterin der Erlöserkirche, die arbeitete bei Auguste Victoria, dem evangelischen Pilgerzentrum neben dem Ölberg. Sie fragte mich wiederholt, ob ich nicht bereit sei, deutsche Gruppen zu mir einzuladen, um ihnen etwas über uns Christen zu erzählen, für die sie sich sehr interessierten. Dann las ich auf einmal in einer Zeitung, daß Stimmen in Deutschland laut wurden, man wolle unsere Liturgie nicht so übernehmen, wie wir palästinensische Frauen sie geschrieben hatten. Das hat mir sehr weh getan, denn ich dachte: immer wieder nur ein deutsch–jüdischer Dialog.

Deutschland hat so viel an Israel wiedergutgemacht, beispielsweise Geld gespendet, und alles ging immer nur an Israel, an uns hat in dieser Hinsicht nie jemand gedacht. Nach vielen Jahren christlich–jüdischem Dialog kommt jetzt ein einziges Mal dieser Weltgebetstag mit einer Liturgie aus Palästina, ein Mal nach all diesen Jahren, und man gönnt uns nicht, daß auch für uns gebetet wird, obwohl auch wir ein Volk sind, das vertrieben, gefoltert, verhaftet wurde und unter der israelischen Besatzung gelitten hat. Das ist eine Wahrheit, vor der man nicht die Augen verschließen darf. Besonders für uns Christen war es nicht einfach, zu verstehen, daß Christen in Deutschland gegen diese Liturgie waren.

KAPITEL

Intifada

Wir waren überrascht: In den Abendnachrichten des Fernsehens sahen wir, wie Kinder Steine auf israelische Soldaten warfen. Plötzlich hieß es: „Es ist Intifada!" Dorf um Dorf wurde davon erfaßt. Die Menschen in den Dörfern, in den Städten wollten auf einmal die israelische Besatzung, die 20 Jahre gedauert hatte, abschütteln. Ein entscheidender Unterschied zwischen Palästina und Deutschland besteht darin, daß wir hier in der Westbank unter Besatzung leben. Zu Beginn meiner Ehe habe ich nicht viel von der Besatzungsrealität gemerkt. Ich hielt mich nur in Beit Jala und der Umgebung der Stadt auf, in der wenig Militär zu sehen war. Nur in Jerusalem kam man mit Soldaten in Kontakt. Sobald ich ihnen aber zu nahe kam oder sie an mir vorbei gingen, schauderte ich zurück. Immer saß mir die Angst im Nacken, daß ihre Maschinengewehre losgehen könnten. Viele Gedanken habe ich mir am Anfang nicht gemacht. Ich war viel zu sehr mit mir, meinen Kindern und meinem Haushalt beschäftigt. So wie ich lebte, merkte ich nur wenig von der Besatzung. Die Tatsache, daß wir besetzt waren, wurde mir erst richtig bewußt, als das Steuerzahlen ein Problem wurde. Mein Mann begann, über die Steuern zu klagen, die immer willkürlich, neu und höher festgesetzt zu sein schienen. Wir waren schließlich nicht mehr in der Lage, sie zu bezahlen. Eines Tages, 1982, drangen Männer in Zivil in unsere Wohnung ein, liefen ins Schlafzimmer und begannen auf der Suche nach Steuerbelegen meinen ganzen Schrank durchzuwühlen. Mein Mann wurde festgenommen und inhaftiert. Ich bekam ein Ultimatum gestellt: Entweder bringe ich die geforderte Summe bei, oder mein Mann bleibt in Haft. Die nächsten Tage versuchte ich, von überallher Geld zusammenzukratzen oder zu leihen. Dann ging ich mit den Kindern und dem Geld zum Gefängnis und wartete, bis mein Mann freigelassen wurde.

Von dem Tag an war die Besatzung eine Realität, selbst wenn ich sie hätte ignorieren wollen. Wir hatten schon vorher, wenn wir zusammensaßen, oft über die Besatzung geredet und geschimpft, aber es war nie konkret gewesen. Jetzt war sie in mein Leben eingedrungen und hatte uns direkt betroffen. Ich begann ganz bewußt, am politischen Tagesgeschehen teilzunehmen, verfolgte die Nachrichten aus dem Libanonkrieg und bei uns.

Die Intifada hat unser Leben in vieler Hinsicht radikal verändert. Meine Kinder hatten monatelang keine Schule. Wie sollte ich sie beschäftigen? Da ich kein arabisch lesen kann, konnte ich sie nur in einigen Fächern unterrichten. Nach den ersten zwei Monaten, in denen sie nur gefaulenzt hatten, mußte ich anfangen, sie zu unterrichten und irgendwie zu beschäftigen. Aber da wollten sie nicht mehr. Schließlich hatten die anderen Kinder auch keine Schule. Sie weigerten sich sogar, ihren Ranzen aufzumachen. Ich mußte zusehen, wie meine Kinder trotz meiner verzweifelten Bemühungen langsam verblödeten, nicht nur meine Kinder, sondern alle Kinder der Westbank. Schwierig war es vor allem für die Grundschüler. Mein jüngster Sohn z.B. hat das erste Schuljahr absolviert, dann ein Jahr keine Schule gehabt und wäre eigentlich nun ein Drittklässler. Inzwischen hat er jedoch bereits wieder vergessen, was er in der ersten Klasse gelernt hat. Die Schulen wurden in der Zwischenzeit zwar wieder geöffnet, aber für wie lange? Ein Schuljahr dauerte drei Monate und war mehr ein Schein–Schuljahr als ernst gemeint. Wir hatten auch von unserem Komitee versucht, immer straßenweise die Kinder zusammenzurufen und zu unterrichten. Doch als im Sommer 1988 der Unterricht unter Strafe gestellt wurde, hatten wir damit aufgehört. Die Lehrer hatten Angst.

Während der Intifada kam das Militär oft in die Häuser, durchsuchte alles oder holte mit Vorliebe nachts die Männer aus den Betten, um die frischgemalten Slogans zu überpinseln. Wir haben eine Schneiderei, und so bekamen wir ebenfalls oft Besuch von der Armee. Sie suchten nach roten, schwarzen, grünen und weißen Stoffstücken. Wenn wir diese Farben zufällig zusammen hätten, gäbe es Probleme: Wir würden des Nähens einer palästinensischen Flagge bezichtigt und bestraft. Schließlich hat sich in manchen Dingen das Verhältnis der Geschlechter geradezu umgekehrt: Früher, insbesondere abends oder nachts, hatte ich meinen Sohn zum Einkaufen geschickt, wenn uns etwas fehlte — jetzt verließen nur noch meine Tochter und ich das Haus. War es früher für Frauen nicht üblich, nach Einbruch der Dunkelheit auf die Straße zu gehen, so blieben jetzt zu dieser Zeit die Männer im Haus. Die Frauen wurden weniger vom Militär angehalten, geschlagen oder verhaftet. Auch meine Bewegungsmöglichkeit hatte sich während der Intifada erheblich eingeschränkt. An Streiktagen war alles totenstill, denn auch Verkehrsmittel durften nicht fahren. An jedem Tag blieben die Geschäfte nur von 9.00 bis 12.00 Uhr geöffnet, d.h. man mußte als Hausfrau zusehen, daß man seine Besorgungen rechtzeitig schaffte und für eventuelle weitere Streiktage oder Ausgangssperren einkaufte.

Ich hatte mir schon lange Zeit Gedanken gemacht und nach einer Möglichkeit gesucht, aktiv zu werden. Da entdeckte ich eines Tages, daß sich gegenüber von dem Haus meiner Eltern in unserem orthodoxen Klub regelmäßig eine Frauengruppe traf. Es war für mich ideal: Ich konnte die Kinder, solange sie noch klein waren, bei meiner Mutter lassen und brauchte nur über die Straße zu gehen. Wir treffen uns einmal die Woche, organisieren Vorträge und Kurse, sammeln Schulbücher und Kleidungsstücke, um sie an bedürftige Familien zu verteilen. Seit kurzem haben wir so etwas wie eine Sparkasse, bei der jede Frau wöchentlich einen kleinen Betrag einzahlt, der in seiner Gesamtheit an eines unserer Mitglieder fällt, das durch Los bestimmt wird und danach aus der Verteilung ausscheidet. So können wir uns endlich einmal Dinge für uns selbst oder unsere Familien leisten. Ich habe beobachtet, daß sich die meisten Frauen Dinge wie eine Waschmaschine, einen Staubsauger oder ähnliche Haushaltsgeräte kaufen wollen. Mode spielte seit Beginn der Intifada kaum noch eine Rolle. Kleidung ist lediglich etwas, womit man seinen Körper bedeckt, nichts weiter — so sprachen wir unter uns. Es gab auch keine großen Hochzeiten mehr, kein Abendessen dazu und keine Vergnügungen. Eine meiner Freundinnen bemerkte einmal, Hochzeiten und Beerdigungen unterschieden sich nur dadurch, daß der Kaffee auf der Hochzeit gesüßt ist und auf der Beerdigung bitter wie der Tod. Die Hochzeiten wurden auch ohne Gesänge gefeiert, ohne Tanz, still wie eine Beerdigung.

Über das Treffen mit den anderen Frauen bekam ich dann auch mehr Kontakt zu weiteren Frauen, lernte ihr Leben, ihre Probleme kennen und wie sie damit fertig wurden. Ich hatte während der Intifada ständig Angst um meine Kinder. Sie wiederum warfen mir vor, ich sei eine schlechte Mutter, wenn sie auf unserem Balkon standen und sahen, wie die Kinder der Nachbarschaft Straßensperren bauten, um sich, wenn das Militär kam, in ein oft tödliches Spiel einzulassen. Dann fragten sie mich: „Warum dürfen wir nicht hinunter? Warum dürfen wir nicht mithelfen? Oder willst du, daß nur andere Kinder für Palästina sterben? Willst du die Befreiung nur auf anderer Leute Kosten?" Ich kam als Mutter in arge Gewissenskonflikte. Ich habe sie immer noch nicht hinausgelassen, aber ich hatte ein schlechtes Gewissen. Wie ich es auch drehe oder wende: Entweder hatte ich Angst davor, sie draußen in der Gefahr zu wissen, oder ich hatte ein schlechtes Gewissen, wenn sie im Hause waren — um dieses Dilemma kam ich nicht herum. Da hat es geholfen, sich mit anderen Frauen, die dieselben Probleme haben, auszusprechen. Normalerweise waren viele Mütter stolz auf ihre Kinder, wenn sie sich an der Intifada beteiligten, und daher war es nicht einfach, die Kinder im Haus zu behalten. Anfänglich konnte ich meinen großen Jungen noch manchmal daran hindern mitzumachen, doch dann, als die Schule wieder anfing, hatte ich keinen Einfluß mehr darauf, wohin er ging und was er tat.

Die Frauengruppe wurde für mich inzwischen beinahe eine Lebensaufgabe. Seit der Intifada sind alle aktiver und selbstbewußter geworden als vorher. Wir besuchten beispielsweise regelmäßig die Familien von Inhaftierten oder aus der Haft entlassenen Jugendlichen, um ihnen unsere Solidarität zu zeigen und Halt zu geben. Wir strickten Winterpullover für die Inhaftierten, die meistens in der Wüste in Zelten gefangen gehalten wurden. Dort, wo Zelte als Gefängnisse dienen, in der Wüste, ist es am Tag sehr heiß, aber in der Nacht kühlt es stark ab. Wir haben durch unsere Arbeit erkannt, daß wir nur durch die Frauenorganisationen überhaupt als Frauen in Erscheinung treten. Jede für sich fühlt sich allein, ist schwach, nur zusammen sind wir stark. Ich hoffe, daß ich es noch erleben werde, daß wir einen eigenen palästinensischen Staat gründen können, in dem Männer und Frauen gleichberechtigt sind und in dem alle Menschen, egal welcher Religion sie angehören, frei leben können.

In den Zeiten der Intifada war es besonders schwer, Christ zu bleiben. Denn wenn Jesus zu uns sagt: „Liebet eure Feinde!", dann liest sich das in der Bibel bei uns ganz anders, als wenn man in Deutschland im Wohnzimmer sitzt. Man liest das dort einfach herunter und stockt nicht bei diesem Satz. Aber als ich ihn hier las und aus dem Fenster sah: Da war mein Feind. Er stand als Soldat auf der Straße und wartete nur darauf, unsere Kinder wegen Lappalien erschießen zu können. Es genügte bereits, die palästinsische Fahne in der Hand zu halten oder Graffiti an die Wände zu malen, um erschossen zu werden. Mir kam der Gedanke: Was Jesus da von uns verlangt, das ist nicht so einfach: Diesen Soldaten, der da draußen steht, bis an die Zähne bewaffnet, mit Maschinengewehr — wie soll ich ihn lieben? Ich wollte mich vor dem Haß schützen, denn wenn man die Bilder von den erschossenen Kindern sah und die Ungerechtigkeit überall um sich herum, so war es nicht einfach, nicht zu hassen. Da habe ich mir gedacht: Vielleicht mußt du mehr über dieses Volk erfahren. Warum behandeln sie uns so hart? Was steckt dahinter?

Ich habe also über das jüdische Volk gelesen und kam schließlich bis zur Nazizeit. Im Geschichtsunterricht in Deutschland hatte ich zwar schon etwas davon gehört, aber die Unterrichtsstunden über den Zweiten Weltkrieg, über die Nazizeit, waren so kurz, das wurde mehr oder weniger überflogen. Bei Napoleon und bei Alexander dem Großen haben wir in meiner Erinnerung viel länger verweilt, doch der Nationalsozialismus wurde nur während weniger Stunden behandelt.

Als ich jetzt zu lesen anfing, da waren das schreckliche Dinge, von denen die Rede war, und so begann ich langsam, die Juden zu verstehen. Sie haben auch viel mitgemacht, und ich dachte mir, daß vielleicht bei diesen Jugendlichen, nicht älter als 18 oder 19 Jahre, die man uns als Soldaten schickt, als Herren über Leben und Tod, wenn sie ihre Geschichte erfahren haben, so etwas wie Haß auf die Menschheit in ihren Herzen entsteht und daß sie sich vielleicht auch sagen: „Nie wieder lassen wir zu, daß so etwas mit uns passiert. Unsere Großväter haben sich einfach hinmorden lassen, ohne aufzumucken, aber jetzt sind wir stark. Wir schlagen jetzt als erste zu." Vielleicht sehen sie dann einen kleinen palästinensischen Jungen in unserem Dorf, aber sie sehen ihn nicht als kleinen Jungen, sondern sie sehen in ihm die ganze arabische Welt, die gegen sie ist. So habe ich versucht, sie zu verstehen.

Ich mußte auch immer an diesen Satz denken: „Werft die Juden ins Meer!", der viel Unheil angerichtet hat, denn Israel hat mit diesem Satz viel Propaganda gegen uns gemacht und ihn gegen uns als Mittel eingesetzt, uns zu bekämpfen und zu unterdrücken. Vielleicht kam dieser Satz aber auch nur gerade den Soldaten in den Sinn, obwohl es nur Kinder waren, die die Soldaten mit Steinen beworfen haben.

Doch gab es auch andere, die sagten: „Ich will durchaus mein Vaterland verteidigen, aber an der Front. Ich will einen Soldaten mir gegenüber haben, dann weiß ich, das ist mein Feind. Aber wenn ich in die palästinensischen Dörfer gehe und soll Frauen und Kinder schlagen, das paßt nicht in mein Bild." Viele haben sich daher auch geweigert, Militärdienst zu leisten. Sie wurden dann verhaftet. Viele haben auch Alpträume bekommen, nachdem sie Kinder erschossen hatten, und auch die Mütter dieser Soldaten, die vorher auf ihre Söhne stolz gewesen waren, waren es auf einmal nicht mehr. Wie sollten sie stolz sein, wenn ihr Sohn ein Kind erschossen hat? Und die Soldaten, die in der Westbank waren und die Bevölkerung brutal mißhandelten, konnten diese Brutalität auch nicht einfach abschütteln, wenn sie wieder zu Hause waren. Das wirkte sich auch schlecht auf die israelische Gesellschaft aus.

Wir waren mit der Frauengruppe oft auch bei Müttern, deren Kinder erschossen worden waren, um herzliches Beileid zu sagen. Ich erinnere mich besonders an ein Ereignis: Wir kamen in ein Haus, und es war sehr still darin bei den Frauen, ungewöhnlich still, denn normalerweise wird beim Tod eines Angehörigen viel und laut geweint. Die Mutter saß total verstört auf einem Stuhl, und die Frauen um sie herum sagten ihr, wie stolz sie jetzt sein könne, daß ihr Sohn als Märtyrer gestorben sei. Die Mutter wollte weinen, aber sobald sie nur anfing zu weinen, wurde sie von den übrigen Frauen angeschrien: „Warum weinst du? Dein Sohn ist nicht tot, er lebt zur rechten Seite Gottes und ist als Märtyrer im Himmel. Etwas besseres kann ihm gar nicht passieren!." Die arme Mutter durfte also nicht einmal ihren toten Sohn beweinen. Als wir dann aufstanden und gingen, wollte jede der Mutter noch ein gutes Wort sagen. So sagte eine Frau vor mir: „Ach, wäre ich doch eine Locke auf seiner Stirn, dann wäre ich jetzt mit ihm im Paradies!" Ich konnte die Einstellung und die Gefühle dieser Frauen nicht nachvollziehen. Für mich war dieser Junge erschossen, er war tot, und ich trauerte um ihn.

Alle Feste, gleich welcher Art, waren nun verpönt, denn jeden Tag gab es Tote und man trauerte, aber in meiner engeren Familie wollte ich die Geburtstage meiner Kinder doch feiern, im Rahmen des Hauses, ohne weitere Kinder einzuladen. Ich erinnere mich noch, daß ich einen Kuchen gebacken habe und daß wir das Lied „Happy birthday" nur ganz leise gehaucht haben, denn wir fürchteten, daß uns die Nachbarn hören könnten und dann sagen würden: „Hört, diese Familie feiert Geburtstag, trotz der entsetzlichen Zeiten, in denen wir jetzt leben!" Man wollte dann auch die religiösen Feiertage offiziell verbieten, und dazu gehörte auch, daß die Christen keinen Weihnachtsbaum aufstellen sollten, denn ein solcher Baum mit Lichtern und

Glanz galt als Zeichen weihnachtlicher Freude. Da ich mir aber Weihnachten ohne Weihnachtsbaum nicht vorstellen kann, habe ich trotzdem einen Baum in eine Ecke meines Wohnzimmers gestellt, und jedesmal, wenn es an der Tür klingelte, guckten wir erst durch das Auge in der Tür, wer davor stand, bevor wir die Tür öffneten. Gegebenenfalls hätten wir nämlich die Tür zum Wohnzimmer geschlossen, damit der Baum nicht zu sehen gewesen wäre.

Die Osterzeit beginnt mit der Karwoche, in der wir von Palmsonntag bis Karfreitag jeden Abend zur Kirche gehen, wo dann die Stationen des Leidensweges Christi in jedem Gottesdienst begleitet werden. Am Karfreitag, an dem Jesus vom Kreuz abgenommen und ins Grab gelegt wird, kommt die Gemeinde mit Blumen zur Kirche, mit denen ein hölzerner Sarg geschmückt wird. Danach gibt es eine große Prozession, und am Ende des Gottesdienstes möchte jeder, der in der Kirche ist, wiederum eine Blume von dem Sarg mit nach Hause nehmen. Das ist natürlich mit einem großen Gedränge verbunden, da jeder eine Blume ergattern will. Zur Grablegung kleiden die Frauen sich schwarz, mit schwarzen Kopftüchern und kommen nicht geschminkt zum Gottesdienst. Am Samstag geht man mittags in die Kirche, jedes Kind hat eine Kerze, und wir warten auf das Osterlicht, das aus Jerusalem kommt. Vor der Intifada ging der Priester mit den Ältesten der Gemeinde nach Jerusalem, um von dort das Licht aus der Grabeskirche zu holen. Seit der Intifada, seit es den Checkpoint gibt, die Grenze, an der „grünen Linie", wo die Soldaten stehen, wird das Licht bis dorthin aus Jerusalem gebracht, und von der anderen Seite aus nimmt es der Priester da entgegen.

Einmal gab es schwere Unruhen am Checkpoint, es wurde mit Tränengas auf die Prozession geschossen, und auch in Beit Jala gab es Unruhen: Hier wurde vor der Kirche vom Militär ebenfalls Tränengas eingesetzt. Die Menschen in der Kirche hörten, wie Tränengasbomben explodierten, das Tränengas drang in die Kirche ein, und da entstand große Hysterie. Die Frauen fingen an zu schreien, und so war es gelungen, uns die Freude am Osterfest zu verderben.

Jetzt, nach der Intifada, haben wir einen großen Umzug, wenn das Osterlicht kommt, eine Prozession auf der Straße, die Jugendlichen singen religiöse Lieder, tanzen auf der Straße, und so wird das Licht in die Kirche getragen. Am Palmsonntag, eine Woche vor Ostern, bekommt jedes Kind eine Palme, die geflochten wird und in die Blumen gesteckt werden. Der Anblick all der Kinder mit ihren Palmen ist sehr schön. Zu Ostern backen wir zwei Arten von Gebäck, einmal als Symbol der Krone Jesu ein Gebäck mit einer Dattelfüllung, und ein anderes als Symbol des Schwammes, der mit Essig gefüllt wurde. Dieses Gebäck ist mit Nüssen gefüllt, und beides wird in den Familien angeboten, wenn man sich „Frohe Ostern" wünscht.

KAPITEL

Golfkrieg

Saddam hatte Kuwait besetzt, und die UNO hatte ihm ein Ultimatum gestellt: Wenn er bis zum 15. Januar Kuwait nicht räumt, würde er bombardiert werden. Wir hatten im Grunde nicht daran geglaubt, daß das wahr sein würde, denn es gibt auch UNO–Resolutionen, die sagen, Israel müsse die Westbank einschließlich Ost–Jerusalem räumen. Nur liegen die uns betreffenden UNO–Resolutionen irgendwo vergilbt in einer Schublade, denn sie sind nun schon fast 30 Jahre alt, und nichts hat sich gerührt. Daher haben wir diesem Ultimatum keinerlei Glauben geschenkt. Aber Saddam hat immer wieder versichert: Wenn die Amerikaner ihn angreifen, dann greift er Israel an. Das machte uns natürlich auch Angst. Wir lagen bereits in den Betten, als ein Anruf aus Lateinamerika von meiner Schwägerin kam, die ganz entsetzt am Telephon sagte: „Es ist Krieg!." Wir standen auf, schalteten den Fernseher ein: Es stimmte. CNN brachte: „War in the Gulf", und wir wußten nicht, was wir machen sollten. Wir sahen schon im israelischen Fernsehen die Vorbereitungen für den Krieg. Wir hatten auch ein paar Vorräte, vorsichtshalber, da gerade erst die Intifada war mit Streiktagen und Ausgangssperren.

Die israelische Regierung hatte damals an alle Israelis Gasmasken ausgeteilt, und auch die ausländischen Botschaften jeweils an ihre Angehörigen. Nur wir Palästinenser auf der Westbank bekamen keine. Natürlich hatten auch wir Angst, denn Israel ist ein kleines Land, und Saddam hätte uns bestimmt für seine Sache geopfert. Das machte mich sehr ängstlich, weil ich dachte, wenn einmal Krieg sein wird, wer weiß, ob wir ihn überleben werden. Da rief mich meine Freundin an — sie arbeitet als Sekretärin an der Erlöserkirche — und sagte: „Ich habe eine gute Nachricht für dich. Hier haben Deutsche, die nach Deutschland geflogen sind, ihre Gasmasken bei uns und nicht am Flughafen abgegeben, und ich werde dir welche bringen." So brachte sie mir fünf Gasmasken für meine Familie, die ich dann unter dem Bett versteckte. Aber ich hatte noch eine kleine drei Monate alte Tochter, die keine Gasmaske hätte anziehen können. So rief ich meine Freundin an und fragte: „Und meine kleine Tochter, was wird aus ihr?", worauf sie antwortete: „Du hast Glück: Eben hat eine Familie ein Gasbett hier abgegeben. Ich werde es dir bringen." Und sie brachte es mir dann auch. Meine Kinder waren ganz glücklich und wollten schon aus dem Haus gehen, um es den anderen Familienangehörigen zu erzählen. Ich rief sie jedoch zurück und sagte zu ihnen: "Ihr dürft keinem erzählen, daß wir Gasmasken haben. Man soll damit nicht angeben." Wir hatten damals das Gefühl: Nur wir überleben und die anderen nicht. Das hätte nur böses Blut gegeben und Neid hervorgerufen. Deswegen habe ich meinen Kindern eingeschärft, daß niemand es wissen darf. Ich dachte insgeheim: Hoffentlich werden wir die Gasmasken nie benutzen!

Als wir dann sahen, wie alle Menschen große Plastiktüten und breite Tesa–Streifen kauften, haben wir uns in die Wohnung meines Schwagers zurückgezogen. Er ist mit einer Schwedin verheiratet, hat daher einen schwedischen Paß und war gerade nach Schweden gereist. Dessen Wohnung über uns war leer. Dieser Krieg sollte anders sein als andere Kriege, bei denen man immer hatte lesen können, daß die Menschen in die Bunker geflüchtet waren. Doch jetzt hieß es, es sei um so besser, je höher eine Wohnung läge, da es ein Gaskrieg sein würde, und Gas ist schwerer als Luft und zieht folglich nach unten. So haben wir uns in der oberen Wohnung ein Zimmer eingerichtet. Wir haben die Fenster mit Plastikfolien abgedichtet und breiten Tesafilm um die Fenster herum geklebt.

Als dann die erste Sirene heulte — wir leben nahe an Gilo im israelischen Teil, man konnte sie daher gut hören —, hatte ich zum ersten Mal in meinem Leben Todesangst. Meine Knie waren so weich wie Wackelpudding, ich konnte mich kaum auf den Beinen halten. Die Sirene heulte, ich nahm meine Tochter aus dem Babybett, konnte sie aber nicht mehr in Händen halten und rief meinem Mann zu: „Halt sie, sonst fällt sie mir aus den Armen!" Meine drei älteren Kinder hatten sich die Decken geschnappt, denn es war kalter Winter, dazu die Gasmasken, und sind in die obere Wohnung gelaufen. Im ersten Moment dachte ich: Wo ist die Bibel? Ich lief zu meinem Bücherregal, wo die Bibel stand, die ich eigentlich nicht oft benutzte, aber in dem Moment schien sie mir die einzige Rettung zu sein. Ich nahm sie mit, und dann rannten wir hinauf.

In dem oberen Zimmer angekommen, wurde mir plötzlich bewußt, daß wir ja nicht allein waren, sondern daß auch mein jüngerer Schwager mit seiner Frau und seinen zwei kleinen Töchtern sich dieses Zimmer ausersehen hatte. Wir hatten aber gar keine Gasmasken für sie, sondern nur für uns. Derweilen heulte die Sirene immer weiter, und uns schauderte. Wir wußten nicht, wieviel Zeit wir hatten. Da dachte ich: Was können wir jetzt tun? Sollen wir diese Gasmasken aufsetzen, und die andere Familie hat nichts? Wie werden wir das ertragen können, wenn jetzt das Gas kommt, und wir sehen die anderen sterben? Dann fiel mir etwas ein aus Kriegsfilmen, die ich in Deutschland gesehen hatte, daß zuerst die Frauen und die Kinder gerettet werden, vor den Männern. So habe ich meinen Mann gebeten, seine Gasmaske seiner Schwägerin zu geben, denn sie muß überleben, der Kinder wegen.

Jetzt, im Rückblick, läßt sich das so einfach beschreiben, aber damals war das ein schwerer Entschluß für mich, denn ich hätte es auch lieber gehabt, daß der Vater meiner Kinder am Leben bleibt als meine Schwägerin. Aber ich konnte es nicht übers Herz bringen, denn ich dachte: Die Mütter müssen für die Kinder da sein. Dann haben wir das Gasbett aufgestellt, und meine Schwägerin sagte: „Läßt du meine Kinder auch mit hinein?" Das war ein bißchen problematisch, denn meine Tochter war drei Monate alt, und ihre Kinder waren ein Jahr und zweieinhalb Jahre alt, also nicht klein genug, um sich nicht viel zu bewegen, und auch nicht groß genug, um zu verstehen, daß sie sich z.B. nicht auf meine Tochter setzen sollten. Auch wußte ich nicht, wieviel Sauerstoff in solch einem Gasbett vorhanden ist. Doch ich dachte: Egal, Hauptsache, man hat die Chance zu überleben. So steckten wir dann in dieses Gasbett alle drei Babys, die natürlich sofort anfingen zu schreien. Dies war mein erstes Erlebnis mit dem Golfkrieg.

Dann hörten wir das israelische Militär mit Lautsprechern durch unser Dorf gehen und über uns eine Ausgangssperre verhängen. Ausgangssperre heißt, so sagte der Mann durch den Lautsprecher: Wenn man auf der Straße erwischt wird, läuft man Gefahr, erschossen zu werden. Aber auch schon auf dem Balkon zu stehen, war verboten. An der Tür zu stehen, war ebenfalls verboten. Man durfte sich also nur im Inneren des Hauses aufhalten. Der erste Tag, der zweite Tag, der dritte: Diese Zeit läßt sich noch überbrücken, aber dann... Wir hatten nicht gedacht, daß das so lange dauern wird. Normalerweise waren wir an Ausgangssperren von drei bis vier Tagen gewöhnt. Aber dann mußte ich doch darangehen, die Nahrungsmittel, die wir hatten, einzuteilen. Die Kinder, die nichts zu tun wußten und nur zu Hause waren, hatten immer Hunger. Ich mußte nun die Nahrungsmittel wegsperren. Für mich als Mutter war das sehr hart, denn ich hatte das in Deutschland von älteren Menschen gehört, wie es im Krieg war, daß alles knapp war und daß man nicht viel zu essen hatte. Man mußte sich ganz genau alles einteilen, wieviel jeden Tag gegessen werden durfte. Doch ich persönlich kannte das nicht. Unsere Region ist zwar nicht sehr reich, und der Lebensstandard ist nicht wie in Deutschland, aber richtig hungern muß bei uns niemand.

Mein größtes Problem war daher: Wie teilt man ein? Ich wußte ja nicht, für wie lange die Vorräte reichen müssen. Weiß man das, ist es natürlich viel einfacher. In den Nachrichten hieß es: Wenn der Bodenkrieg anfängt, dann kann es Monate dauern. Es war also nicht vorherzusehen, wie lange diese Ausgangssperre dauern würde. Ich begann damit, den Kindern ganz kleine Rationen zu geben, was natürlich schlechte Laune und Hungergefühle hervorrief. Die meisten arabischen Häuser sind nicht für den Winter gebaut, sondern mehr für den Sommer: Sie sind aus Stein, also im Sommer schön kühl, aber im Winter schwer beheizbar, und wir haben keine Zentralheizung, sondern nur Öfen, die mit Hilfe einer Gasflasche geheizt werden. Diese Gasflasche hält jedoch nur etwa vier Tage. Da aber Ausganssperre war, konnte man natürlich auch keine neue holen. So saßen wir in der Kälte, hatten Hunger und waren eingesperrt.

Es war eine sehr schwere Zeit. Nachdem wir beobachtet hatten, daß man diese Scud–Raketen am Himmel wie Sternschnuppen sehen konnte, begannen die Jugendlichen, nachts auf das Dach zu klettern, um wenigstens spät abends frische Luft zu schnappen. Als dann die Scud–Raketen kamen und man sie sah, fingen die Jugendlichen an zu pfeifen. Einmal rief mich eine Freundin aus Deutschland an: „Stimmt das, die Palästinenser johlen auf den Dächern und freuen sich, wenn die Raketen auf Tel Aviv fallen?" Ich habe ihr geantwortet: „Weißt du, daß wir hier eingesperrt hungern und daß es uns kalt ist und daß wir ohne Gasmasken sind?" All das wußte sie nicht. Ich sagte ihr: „Was willst du? Sollen wir weinen, wenn die Raketen auf Tel Aviv fallen, auf die Menschen, die wir als Besatzung haben? Ich glaube, niemand kann von uns verlangen, daß wir dann traurig sind, in solch einer miesen Lage wie der, in der wir uns befinden."

Eines Nachts, die Sirenen heulten, drang Militär in unser Haus ein. Sie nahmen meinen Sohn, der damals 14 Jahre alt war, mit aufs Dach und sagten ihm: „Jetzt mußt du uns sagen, woher das Pfeifen auf den Dächern kommt, von welchen Häusern!" Er sagte: „Ich weiß es nicht. Auf allen Häusern wird gepfiffen. Woher soll ich wissen, woher genau oder von welchem Haus?" Dann haben sie ihm gedroht, ihn zu schlagen, wenn er nichts sagen wolle. Wir standen unten und hörten zu. Als wir dann hinaufliefen, schrieen uns die Soldaten an: „Warum tragt ihr keine Gasmasken? Ihr habt wohl keine Angst und denkt, Saddam tut euch nichts!" Sie waren richtig wütend und verärgert, weil sie selber Gasmasken tragen mußten und wir nicht.

Als wir zum ersten Mal die Gasmasken benutzten — wir hatten natürlich auch nicht gelernt, wie man sie benutzen muß, während man den Israelis das wiederholt erklärt hatte —, hatte mein Sohn die Gasmaske angezogen, und auf einmal verdrehte er die Augen, denn er hatte nicht gewußt, daß man sie von vorn aufschrauben mußte, damit Luft hereinkam. Das wußten wir einfach nicht. Als wieder einmal die Sirene ertönte, mußte jeder eine Decke mitnehmen, denn die obere Wohnung, die ja momentan unbewohnt war, war natürlich auch unbeheizt. Ich hatte meine Tochter, um sie nicht jedesmal aus dem Bett zu reißen, in eine Tragetasche mit einem kleinen Baldachin gelegt. Jeder hatte in einer solchen Situation eine bestimmte Tätigkeit zu tun: Einer mußte die Tür verriegeln, wieder abdichten, einer mußte den Fernseher anschalten — jeder war also für etwas verantwortlich. Ich hatte also meine Tochter an der Wand abgestellt, und irgend jemand mußte wohl seine Decke auf sie geworfen haben. Der Rest der Familie sah nur die Decke, und so hat jeder seine Decke einfach auf die bereits daliegende Decke gelegt, so daß schließlich sieben Decken übereinander lagen. Nachdem jeder seine Arbeit erledigt hatte, saßen wir beisammen, und ich guckte umher, sah aber die Tragetasche gar nicht. Auf einmal schrie ich: „Meine Tochter, Monika!" Ich lief wie verrückt zu den Decken und zog eine nach der anderen weg, während ich dachte: „Lieber Gott, du hast uns im Golfkrieg vor dem Gas verschont, und jetzt soll Monika ersticken? Das kannst du nicht wollen!" Dann zog ich die Tragetasche heraus und sah, wie sie seelenruhig schlief. Da sagte ich mir: Gott sei Dank! Das einzige, was sie gerettet hat, war dieser Baldachin. So konnten die Decken sie nicht ersticken.

Nachdem die schreckliche Zeit vorbei und die Ausgangssperre aufgehoben war, haben wir natürlich all unsere Sachen wieder mit hinunter genommen, u.a. auch die Bibel. Ich hielt sie so in meiner Hand und sagte mir: „Gott, du hast uns geholfen! Du hast uns verschont. Ich werde dich jetzt nicht wieder ins Bücherregal stellen, wie ein altes Kleid, das man weghängt, sondern ich werde dich immer tragen, damit du uns auch später, wenn wir deine Hilfe brauchen, immer hilfst. Nicht, daß wir uns nur an dich erinnern, wenn wir in Not sind." Seitdem gehe ich jeden Sonntag in die Kirche und fühle mich Gott viel näher.

79

KAPITEL XIV

Friedenschancen

Als in Madrid die Friedensverhandlungen begonnen hatten, konnte man auf einmal sehen, daß Jugendliche, die vorher Steine geworfen hatten, nun Ölbaumzweige in der Hand hielten, die sie den Soldaten gaben. Die Soldaten standen etwas unbeholfen da und wußten nicht, ob sie sie annehmen sollten oder nicht. Als das Abkommen über Jericho und Gaza zustande kam, stand die ganze Westbank Kopf. Auf einmal durfte man die palästinensische Flagge hissen, drei Tage hatte man die Autos und Lastwagen mit Fahnen geschmückt. Autokolonnen fuhren hupend durch Bethlehem, Beit Jala und die ganze Gegend. Alle waren nur im Freudentaumel. Zum ersten Mal durfte man die palästinensische Fahne in der Hand halten, ohne dafür erschossen zu werden. Das war eine besondere Errungenschaft. Doch bald danach sind wir aus diesem Traum aufgewacht. In Jericho und Gaza entstand die palästinensische Selbstverwaltung, und natürlich wollten wir uns das in Jericho auch einmal ansehen. So fuhren wir nach Jericho, um unsere palästinensische Polizei zu sehen. Der erste, der israelische Checkpoint war natürlich noch da, ein paar Meter weiter kam der palästinensische Checkpoint, und dann waren wir auf autonomem Gebiet. Wir sahen die palästinensische Polizei und freuten uns, daß wir endlich etwas hatten, wovon wir früher nur hatten träumen können. Ich hing noch meinen Gedanken nach, da kam schon ein weiterer Checkpoint, und das war's: Wir waren am anderen Ende des autonomen Gebietes angelangt. Dieses Gebiet von Jericho, wo Arafat herrschen sollte, war sehr klein und begrenzt. Wir hofften, daß durch spätere Verhandlungen auch unser Gebiet befreit werden sollte.

Später, im Dezember 1995, kurz vor Weihnachten, als Arafat kam, waren die Menschen auf der Straße. Zur Begrüßung des palästinensischen Militärs in Bethlehem wurde das Gerüst vor der Geburtskirche von der israelischen Polizei abgebaut, die Stadt wurde geschmückt, und wir Christen freuten uns, daß wir zwei Gründe hatten: Zum einen wurde für das Weihnachtsfest geschmückt, zum andern für das Kommen Arafats. Alles war auf den Beinen. Wir dachten, jetzt beginnt eine bessere Zeit für uns. Dieses Gefühl hielt bis zum Februar 1996 an. Da hatten Extremisten in Tel Aviv einen Bus gesprengt, es gab viele Tote und Verletzte. Eine Woche später, am Sonntag darauf, sahen wir Nachrichten, und ich sagte zu meinem Mann: „Seit wann wiederholen sich Nachrichten?" Es waren die gleichen Bilder wie schon einmal. Wir schalteten den arabischen Radiosender ein, denn wir verstanden das Hebräisch nicht, und erfuhren, daß auch in Jerusalem ein Bus in die Luft gesprengt worden war. Daraufhin sperrte die israelische Regierung die Westbank, kein Arbeiter konnte mehr nach Israel zur Arbeit gehen. Man wollte die israelische Bevölkerung mit der Absperrung beruhigen und ihr eine Art Sicherheitsgefühl geben. Für uns war es eine Kollektivstrafe.

Die Menschen hier haben viele Kinder, zehn Kinder sind der Durchschnitt. Es gibt das System der Großfamilie: Großmutter, Großvater, Eltern — alle leben im gleichen Haushalt, und oft gibt es nur einen einzigen Arbeiter, der in Israel beschäftigt ist und diese ganze Familie ernährt. Wir sind also Tagelöhner, Gastarbeiter im eigenen

Land. Die Arbeiter gehen morgens nach Israel zur Arbeit und werden abends wieder in die Westbank abgeschoben. Sie haben keinerlei soziale Sicherheit: Sie bekommen kein Arbeitslosengeld, kein Krankengeld, keine Rente, keine Versicherung wie z.B. die israelischen Arbeiter. Jeder bekommt nur das Geld für die Tage, an denen er auch arbeitet, und wenn er nicht zur Arbeit kommt, verdient er auch nichts.

Die Westbank hatte man also geschlossen: einen Monat, zwei Monate, drei Monate, fast ein Jahr lang. Arafat konnte auch keine Wunder wirken, er hatte nicht die Möglichkeit, für mehr als 170 000 Arbeiter Arbeitsplätze zu beschaffen, da auch die Besatzung keinerlei wirtschaftliche Infrastruktur zuließ. Die Anschläge waren von Extremisten verübt worden, einer Minderheit innerhalb des palästinensischen Volkes. Aber bestraft wurde das gesamte Volk mit Frauen und Kindern.

Mein letzter Weihnachtsbrief an meine Freunde in Deutschland lautete so: „Beit Jala, Dezember 1996. Liebe Freunde! Das Jahr 1996 geht seinem Ende zu und mit ihm leider auch die Hoffnung auf Frieden in unserem Land. Obwohl Weihnachten ein Fest der Hoffnung und der Freude sein sollte, kann ich gerade hier in Bethlehem nichts davon spüren. Die politische Lage hat sich bei uns so verschärft, daß man sich vorkommt, als säße man auf einem Pulverfaß. Was das bedeutet, haben wir im September erfahren, als die israelische Regierung den Tunnel unter der El Aksa–Moschee öffnen ließ. Resultat: 70 Tote, 1000 Verletzte. Die Schießereien am Rachelsgrab haben wir hautnah mitbekommen. Von meinem Haus aus konnte ich die Schüsse hören. Unter den Toten war auch ein junger Mann, der mit Fu'ad an der Universität in Bethlehem studiert. Das hat uns sehr mitgenommen. Man hat die Demonstranten abgeschossen wie Tauben. An den Verletzungen, Kopf und Brust, konnte man sehen, daß geschossen wurde, um zu töten, und das nennt sich Friedensprozeß? Das einzig Positive im Moment ist das Wetter, im Gegensatz zum kalten Deutschland. Na ja, man kann nicht alles haben: entweder kalt und frei oder schön sonnig und eingesperrt. Wenn meine Freiheit nach etwa drei Kilometern im Umkreis aufhört, kann ich es nicht anders nennen, denn seit den Bussprengungen in Tel Aviv und Jerusalem im Februar 1996 ist die Westbank abgeriegelt. Das heißt: Ich darf nicht nach Jerusalem, und das fehlt mir sehr. Obwohl nur eine kleine Gruppe hinter diesen Anschlägen steht und die Mehrheit sie verurteilt hat, hat man uns ohne Erbarmen diese Kollektivstrafe auferlegt. Viele Palästinenser sind dadurch von heute auf morgen arbeitslos geworden, und viele Familien, Durchschnitt 10 Kinder, haben so die Existenzgrundlage verloren. Nicht einmal in der Intifada ging es uns wirtschaftlich so schlecht wie jetzt, denn damals konnte man noch, außer an Streiktagen, in Israel arbeiten. Ich weiß nicht, was die israelische Regierung sich dabei denkt. Sie erweitert die Siedlungen, stiehlt immer mehr Land, um Straßen zu bauen, die die Siedlungen untereinander verbinden sollen, hungert uns aus. Und dann verlangt man von uns friedliche Gefühle? Dabei habe ich eher das Gefühl, daß wir kurz vor einem Krieg stehen. Gegen Ohnmacht und Hoffnungslosigkeit hat mir oft meine Arbeit geholfen. Seit der Absperrung habe ich angefangen, deutsche Touristen zu uns nach Hause einzuladen. Ich koche für sie ein traditionelles arabisches Essen und erzähle dabei von unserem Alltag und unseren Problemen. Dabei stelle ich immer wieder fest, wie wenig man doch in Deutschland von uns weiß. So fragte mich neulich jemand, wieso es eigentlich christliche Araber gibt. Für ihn waren Araber Muslime. Da konnte ich nur lächelnd antworten: „Ich erinnere mich vage daran, daß Jesus von hier ist, und wir fühlen uns als die Nachfahren der christlichen Urgemeinde." Das schien ihm dann auch einzuleuchten. Die Arbeit macht mir nicht nur Spaß, sondern ermöglicht mir auch einen kleinen Nebenverdienst. Mein Mann und meine Kinder helfen mir dabei. Fu'ad braucht noch eineinhalb Jahre, um sein Studium zu beenden. Vielleicht geht er dann ins Ausland, um dort M.A. zu machen. Ursula steht kurz vor dem Abitur, und Kamal ist jetzt in der 11. Klasse. Gut, daß ich für Monika, die jetzt eingeschult wird, noch auf eine bessere Zukunft hoffen kann, denn meine drei älteren Kinder empfinden ihre Heimat als zukunftslos. Aber trotz allem versuche ich, das kleine Senfkorn Hoffnung in meinem Herzen zu bewahren. In diesem Sinne wünsche ich ganz herzlich: Frohe Weihnachten!"

KAPITEL XV.

Teure Krankheit

Ich hatte zwar meine eigene Wohnung über dem Haus der Familie gebaut, aber die Beziehung zur Familie blieb sehr eng, und oft war meine Schwiegermutter bei uns oder wir waren bei ihr. Es war also doch noch eine große Familie: Wir aßen oft zusammen und diskutierten miteinander.

Eines Tages zog sich meine Schwiegermutter eine starke Erkältung zu und fing heftig an zu husten. Als es ihr nach ein paar Tagen immer noch nicht besser ging, sagte mein Mann: „Vielleicht sollten wir sie ins Krankenhaus bringen." Wir haben hier in Beit Jala ein Krankenhaus, das früher der israelischen Regierung unterstand, es war also ein Regierungskrankenhaus, kein privates, und wird jetzt von der palästinensischen Autonomiebehörde betrieben. Ein, zwei Tage verbrachte sie in diesem Krankenhaus, und es ging und ging ihr nicht besser. Da sagte mein Mann: „Wir können sie hier nicht lassen, denn die ärztlichen

Mittel in diesem Krankenhaus sind vollkommen unzureichend." Er bestellte also einen Krankenwagen, denn wir wollten sie nach Ost-Jerusalem in ein Privatkrankenhaus bringen lassen.

Am Checkpoint wurden wir angehalten, der Soldat riß die Tür auf, guckte hinein, und mein Mann erklärte ihm, daß seine Mutter krank sei und daß wir ins Krankenhaus wollten. Er sagte jedoch: „Nur eine Person darf mit." Mein Mann erwiderte: „Das ist ihre Tochter", denn er dachte, wenn er „Tochter" sagt, dann hat der Soldat eher Mitleid und läßt mich bei meiner Schwiegermutter. „Es ist ihre Tochter, sie will ihr helfen, von Frau zu Frau, wenn sie Hilfe braucht". Arabische Frauen schämen sich auch selbst vor ihrem eigenen Sohn, z.B. beim Gang zur Toilette; da hilft ihnen besser eine Frau. Mein Mann sagte weiter: „Und ich bin der Sohn. Ich muß sehen, wohin ich meine Mutter bringe. Ich kann die beiden Frauen nicht alleine schicken." Aber der Soldat blieb hart und wiederholte: „Nur eine Person!" Mein Mann schrie ihn an: „Hast du keine Mutter? Bitte, hab doch Mitleid mit uns, laß uns durch!" Aber er lehnte ab und meinte, ich solle gehen. Dann öffnete er die Tür und holte mich aus dem Krankenwagen heraus. Ich mußte mit Tränen in den Augen und schweren Herzens zu Fuß nach Hause gehen. Am anderen Tag bin ich illegal auf Umwegen nach Jerusalem gekommen, ging zum Krankenhaus, und mein Mann konnte daraufhin nach Hause fahren. Ich blieb fast zwei Wochen bei meiner Schwiegermutter, ohne zwischendurch nach Hause zu gehen, denn ich hatte Angst, nicht wieder zurückkommen zu können. Nach den zwei Wochen schien meine Schwiegermutter erholt und wieder gesund zu sein, weshalb der Arzt meinte, wir könnten gehen.

Doch schon am dritten Tag nach unserer Rückkehr konnte sie nicht mehr schlucken, nicht einmal einen Tropfen Wasser. Daraufhin bekam sie eine Schwellung am Hals. Wir dachten zunächst an eine Erkrankung der Schilddrüse und fuhren daher wieder mit ihr in das gleiche Krankenhaus. Dort hat man sie untersucht, konnte jedoch keine bestimmte Krankheit feststellen, bis man ihr nach einer Woche endlich mit einer Spritze Flüssigkeit aus dem geschwollenen Hals zog. Noch am gleichen Abend kam die schreckliche Nachricht: Krebs. Der Arzt rief mich und meinen Mann an und sagte: „Wir können hier nichts mehr für sie tun. Der einzige Ort, wo man ihr noch helfen könnte, wäre in einem israelischen Krankenhaus." Uns Palästinensern erschien es immer so, als könne man in einem israelischen Krankenhaus in ansonsten hoffnungslosen Fällen immer noch Hilfe finden, denn diese Krankenhäuser sind in medizinischer Hinsicht erheblich besser ausgestattet als unsere. Wir fuhren also noch in der gleichen Nacht, nachdem wir unser Kommen vorher telephonisch angekündigt hatten, in ein israelisches Krankenhaus. Wir wurden in die Notaufnahme aufgenommen, und ich sollte die Papiere ausfüllen. Die Frau, die dort saß, sah an unserem orangefarbenen Ausweis, daß wir aus der Westbank waren. Sie sagte: „Ihr seid aus der Westbank und habt keine Versicherung. Ihr müßt für eine Woche im voraus zahlen." Ich fragte sie, wieviel, und sie nannte mir einen Betrag von über 16 000 Schekel (ca. 8.000 DM). Das war natürlich ein Schock für uns. So viel Bargeld hatten wir begreiflicherweise nicht bei uns, zumal in einer so schweren Zeit wie der gegenwärtigen. Ich fragte darum: „Wo sollen wir das Geld jetzt hernehmen?", und sie meinte, meine Schwiegermutter könne bis morgen früh in der Notaufnahme bleiben, und wenn wir das Geld am nächsten Tag brächten, dann könne sie in das Krankenhaus aufgenommen werden. Ich ging daraufhin zu meiner Schwiegermutter zurück, während mein Mann nach Hause fuhr, um irgendwie das Geld aufzutreiben. In der Notaufnahme war es sehr hell, man konnte den Unterschied zwischen Tag und Nacht überhaupt nicht feststellen. Ich saß oder stand die ganze Nacht über nur am Bett meiner Schwiegermutter. Mir schien, als seien nur ein paar Stunden vergangen, als ein Mann auf mich zukam und mich fragte: „Wo ist das Geld?", worauf ich erwiderte, mein Mann käme bald. Doch er sagte nur: „Hier ist kein Hotel." Entweder man wird zur Behandlung aufgenommen oder man geht; hier einfach zu warten, gehörte für ihn nicht zu den Möglichkeiten. Ich telephonierte also mit meinem Mann und sagte ihm, er müsse schnell kommen, wir könnten hier nicht mehr lange bleiben. Er sagte darauf, alle Menschen schliefen noch, denn es sei erst sechs Uhr früh, und er wisse nicht, wie er jetzt an Geld kommen solle. Ich antwortete: „Mach so schnell wie möglich. Man will uns hier loswerden." Gegen neun Uhr kam mein Mann mit 15 000 Schekel, die er hatte auftreiben können: Er hatte unser Auto verkauft, hatte Geld geliehen, etwas von der Familie und etwas gegen Zinsen bei Menschen, die mit dem Verleihen von Geld gegen hohe Zinsen Geld verdienen. Doch das war ihm in diesem Moment gleichgültig. Er dachte nur daran, den erforderlichen Betrag zusammenzubekommen. Wir gingen also zum Schalter, die Frau zählte das Geld und sagte: „Da fehlen noch mehr als tausend Schekel." Ich sagte darauf: „Wir konnten in der kurzen Zeit nur so viel besorgen, und das ist doch auch für eine Woche im voraus — wir bringen den Rest nach. Keine Angst!", worauf sie entgegnete: „Da muß ich zuerst fragen." Sie ging telephonieren und wurde immer wieder an andere Personen weitervermittelt, bis sie uns endlich mitteilte, wir könnten dableiben. Meine Schwiegermutter kam in die Hals-/Nasen-/Ohrenabteilung, und zwar in ein Zimmer, in dem noch zwei andere Frauen lagen: eine jüdische, religiöse Frau und eine muslimische Frau, dazu dann meine Schwiegermutter als Christin, alle etwa im gleichen Alter. Ich blieb bei meiner Schwiegermutter Tag und Nacht, obwohl ich die Nacht nur auf einem Stuhl neben ihrem Bett zubringen konnte; anders übrigens als in dem Jerusalemer Privatkrankenhaus, wo sie ein Einzelzimmer hatte, in dem es für mich ein Sofa gab. Aber all das zählte nicht. Wichtig war allein, daß sie gesund werden sollte. Schließlich kam ein Arzt, der sie untersuchte und röntgen ließ, d.h. es wurde ein Computertomogramm angefertigt. Daraufhin nahm uns der Arzt zur Seite und sagte: „Sie hat Krebs und wird wahrscheinlich nicht mehr lange zu leben haben." Ob sie noch operiert werden könne, würden erst die Untersuchungen ergeben. In jedem Fall aber müsse man ihr sagen, daß sie Krebs habe. Ich meinte: „Warum müssen wir ihr denn sagen, daß sie Krebs hat?" „Unser Gesetz schreibt vor, daß der Patient wissen muß, daß er Krebs hat", gab der Arzt zur Antwort. Schließlich sagte ich: „Ich sehe darin keinen Sinn. Meine Schwiegermutter will nicht mehr verreisen oder irgendwohin fahren. Warum sollten wir ihr das Leben schwer machen? Sind wir Gott, daß wir ihr sagen könnten, sie habe nicht mehr lange zu leben? Ich z.B. bin gesund, Sie sind gesund, aber das ist noch keine Garantie dafür, daß wir länger leben werden als meine Schwiegermutter. Vielleicht werde ich jetzt auf dem Heimweg von einem Auto überfahren. Auch Sie könnten zu Tode kommen. Wir können nicht wissen nicht, wer länger lebt. Warum sollen wir ihr sagen, daß sie sterben wird? Was wird sie davon haben, außer daß sie Angst bekommt? Und außerdem sind wir Palästinenser, wir unterstehen also nicht Ihren Gesetzen." Er zuckte die Achseln und meinte: „Das müßt ihr wissen!"

So vergingen die Tage. Da meine Schwiegermutter nichts essen konnte, war es natürlich auch vom Arzt so verordnet, daß sie nichts bekam. Am ersten Tag wußte das allerdings noch niemand, und so konnte ich ihre Mahlzeiten einnehmen. Aber danach bekam sie kein Essen mehr, und folglich mußte ich mich dann von Keksen u.ä. aus der Cafeteria ernähren. Eines Abends kam Bewegung in den Flur. Ich sah Menschen hin und her laufen und dachte: „Irgend etwas muß da los sein." Ich ging auf den Gang hinaus und sah einen Mann mit schwarzer Hose und weißem Hemd, der am Gürtel etwas wie Schnüre trug. Der Mann begann zu singen. Ich fragte, was das bedeutete. Jemand antwortete mir: „Er verkündet den Beginn des Schabbat. Es ist Freitagabend, und die Menschen sollen wissen, daß jetzt der Schabbat anfängt." Ich hatte so etwas noch nie gesehen. Weiter kam ein junges Mädchen, sie hatte eine große Tüte mit Kerzen in der Hand, von denen sie jeweils zwei an die Kranken verteilte. Als ich die Kerzen sah, hatte ich auf einmal auch das Bedürfnis zu beten, und ich dachte, daß Kerzenschein auch die Herzen von uns Christen erwärmt. Wenn ich mich also jetzt neben die jüdische Frau stellte, die in unserem Zimmer lag, so bekäme ich vielleicht auch zwei Kerzen. Das tat ich und wartete ab. Das junge Mädchen kam schließlich und gab der Jüdin zwei Kerzen. Ich hielt meine Hand auf, und sie gab auch mir zwei Kerzen. Als ich mich umwandte, um zum Bett meiner Schwiegermutter zu gehen, erblickte sie an meinem Hals mein Kreuz. Sie schoß auf mich zu und riß mir die beiden Kerzen schier aus der Hand: „That is only for the Jews!" Im ersten Moment war ich schockiert, aber dann sagte ich in bittendem Ton: „Your God and my God are the same." Ich versuchte ihr in Zeichensprache zu verstehen zu geben, daß ihr Gott und mein Gott derselbe seien, aber sie schüttelte nur den Kopf, nahm die Kerzen und verließ das Zimmer. Ich blieb innerlich aufgewühlt zurück.

KAPITEL XII.

Erkennungszeichen: Kreuz

Am nächsten Tag bekam die muslimische Frau, die in der Mitte, direkt neben meiner Schwiegermutter lag, von ihrer etwa 50-jährigen Tochter Besuch. Die Tochter setzte sich auf den Stuhl und sah mich längere Zeit an. Ich muß hinzufügen: Ich hatte meine Schwiegermutter sehr gerne und habe sie daher auch mit viel Liebe gepflegt: Ich habe sie immer umarmt, habe ihr „Grimms Märchen" vorgelesen, die ich zwar auf deutsch las, aber dann für sie ins Arabische übersetzte. „Was bist du doch für ein guter Mensch! Man könnte meinen, das ist deine eigene Mutter, nicht deine Schwiegermutter, so sehr verwöhnst du sie", meinte die muslimische Tochter schließlich zu mir. „Aber wenn du das ausziehen würdest, was du da am Hals trägst, dann wärst du eine perfekte, eine ganz vollkommene Frau." Im ersten Moment traute ich meinen Ohren nicht und wußte überhaupt nicht, was sie meinte. Ich blickte an mir herunter, sah mein Kreuz, nahm es in die

Hand und sagte nur: „Mein armes Kreuz, niemand will dich haben: diese nicht und jene auch nicht." Da wurde ich mir so recht meiner Lage auf der Grenze zwischen den beiden Religionen bewußt. Dann sagte ich zu ihr: „Weißt du, ich bin, wie ich bin, weil ich das Kreuz trage. Vielleicht wäre ich jemand anderes, wenn ich es nicht trüge." Darauf erwiderte sie: „Der Islam ist das einzig Wahre", und ich entgegnete: „Das kannst du so nicht sagen, denn jeder denkt von seiner Religion, daß sie die einzig wahre sei. Du bist Muslimin, was kannst du dafür? Deine Eltern sind Muslime. Ich bin Christin, meine Eltern sind Christen. Und so muß jeder Mensch so wie seine eigene Religion auch die der anderen akzeptieren. Du kannst nicht einfach sagen, daß deine Religion die einzig wahre ist und die andere nicht." Doch das schien ihr nicht einzuleuchten. Ich habe ihr das auch nicht übelgenommen. Sie hatte offenbar noch nie Christen gesehen und noch nie mit Christen gesprochen, denn sie sagte immer wieder zu ihrer Mutter: „Sieh mal, wie die beiden miteinander sprechen, genauso wie wir." Sie erkundigte sich auch nach unseren Sitten und Gebräuchen und wunderte sich ständig, daß es die gleichen waren. Ich sagte ihr: „Denkst du, ich komme vom Mond? Auch wir sind Palästinenser und Araber. Wir haben die gleichen Traditionen wie ihr."

Genau nach der einen Woche, für die wir bezahlt hatten — ich weiß bis heute nicht, ob das Zufall oder Absicht war, denn die Meinungen der Ärzte zum Thema Operation änderten sich täglich: An einem Tag wollten sie operieren, am nächsten Tag war wieder alles aussichtslos; jeder Arzt vertrat eine andere Auffassung —, genau da kam ein Arzt zu mir und sagte: „Es gibt keine Hoffnung mehr. Sie verlieren hier nur Ihre Zeit und Ihr Geld. Es besteht keine Hoffnung mehr, daß Ihre Schwiegermutter noch länger leben kann, auch nicht mit Hilfe einer Operation. Das einzige, das man ihr noch geben kann, wäre eine Behandlung mit Chemikalien, und diesen Cocktail kann man auch im Krankenhaus in Beit Jala mixen." Ich fragte: „Warum sagen Sie 'Cocktail'?", worauf er antwortete: „Die Chemikalien werden je nach Krankheitsbild unterschiedlich zusammengestellt." Dann kam mein Mann. Wir wußten ja, daß wir noch das restliche Geld zu bezahlen hatten. Ich ging also hinunter zum Schalter. Die Frau dort tippte endlos am

Computer, und plötzlich nannte sie mir einen hohen Betrag. Ich sagte ihr, das müsse bestimmt ein Irrtum sein, denn wir hätten nur noch etwa 1000 Schekel zu bezahlen. Doch sie meinte, die 16 000 Schekel seien die Übernachtungskosten. Der Rest sei für Laborkosten und Untersuchungen. Das war ein harter Schock für uns, denn wir wußten, daß wir bereits alle Geldquellen ausgeschöpft hatten, und niemals würden wir noch diesen weiteren Betrag zusammenbekommen. Wir waren ja auch nicht darauf vorbereitet. Ich fragte: „Warum so viel Geld?", und da erwiderte sie mir, Palästinenser und Touristen müßten den gleichen Satz bezahlen, doppelt so viel wie Einheimische, die ohnehin versichert sind. Ich meinte darauf: „Die Touristen bekommen diese Summe aber vielleicht von ihrer Versicherung wieder. Wir dagegen haben keine Versicherung, wir bekommen das von niemandem wieder." Da sagte sie: „Ihr wolltet Arafat haben - das habt ihr jetzt davon!" Vor der Autonomie wurde man nämlich, besonders wenn man Krebs hatte, in israelischen Krankenhäusern umsonst behandelt. Jetzt wußte ich nicht, wen ich verfluchen sollte, aber die Frau wartete und wollte das Geld.

In meiner Verzweiflung dachte ich, daß mir vielleicht der Propst helfen könne. Ich rief ihn an, und er versprach mir, mit einem der Verantwortlichen des Krankenhauses zu telephonieren. So suchten wir, mein Mann und ich, bis wir die Etage gefunden hatten, in der der besagte Herr arbeitete. Wir traten in sein Büro ein, und er rief den Propst an, mit dem er eine Weile sprach. Ich hörte, wie er dem Propst sagte: „Ihr Wort bürgt für 1 Million Dollar! Ich werde die Patientin gehen lassen." Das Wort des Propstes war ihm also sehr viel wert. Später hat man uns, nach einem längeren Briefwechsel zwischen jenem Herrn und dem Propst — ich selber habe auch einen Brief verfaßt, in dem ich beschrieb, wie schwer es uns fällt, den geforderten Betrag aufzubringen — die restliche Summe erlassen. Dafür bin ich dem Propst und dem Krankenhaus sehr dankbar.

Mein Mann sagte mir: „Du mußt meiner Mutter mitteilen, daß wir jetzt gehen können." Sie hatte mir aber noch am Vortag gesagt: „Bitte nehmt mich nicht hier heraus, bevor ich gesund bin!" Sie wußte, wenn wir das Krankenhaus verlassen, besteht keine Hoffnung mehr für sie. Ein besseres Krankenhaus gibt es hier nämlich nicht. Ich sollte ihr jetzt also sagen, daß wir gehen. Wie sollte ich das fertigbringen? Ich setzte mich neben sie ans Bett und nahm ihre Hand: „Weißt du, die Ärzte haben gesagt, du kannst noch operiert werden, aber zuerst muß die Schwellung an deinem Hals zurückgehen. Und statt hier im Krankenhaus abzuwarten, können wir in Beit Jala in unserem Krankenhaus warten, dann sind auch deine Töchter in der Nähe, die dich dort besuchen können, ebenso die Kinder, die Enkelkinder und alle anderen. Das wird viel schöner sein als hier." Aber sie sah mich so an, als glaube sie mir nicht.

Kurz darauf bekam sie furchtbare Schweißausbrüche, die sie sehr schwächten, und der Arzt meinte: „Nehmt sie schnell mit!" Ich wollte wieder den Krankenwagen aus Beit Jala kommen lassen, damit er uns abholt, und rief dort im Krankenhaus an: „Bitte kommt uns holen!" Doch der Mann am Telephon sagte: „Wir dürfen nicht leer aus der Westbank hinausfahren." Ich sagte ihm, das wäre doch kein Problem. Sie sollten irgend jemanden hineinlegen, jemanden aus unserem Hause, z.B. meinen Schwager. Er antwortete, das sei nicht so einfach, man bräuchte eine Überweisung von Krankenhaus zu Krankenhaus, und das gehe leider nicht. Er könne keinen Wagen schicken. Der Krankenwagen von Beit Jala bis nach Jerusalem hätte 70 Schekel gekostet. Wir mußten nun aber einen israelischen Krankenwagen nehmen, der uns das Zehnfache kostete.

Der Wagen kam schließlich, und wir begleiteten meine Schwiegermutter auf der Fahrt. Der Fahrer raste derartig schnell und mit Sirene, daß ich ihn bat, nicht so schnell zu fahren. Es bestehe keine Lebensgefahr. Er mache der Patientin nur Angst. Es sei nur eine Überführung von einem Krankenhaus in ein anderes, kein Notfall. Aber er hörte überhaupt nicht auf mich und erwiderte: „Wir dürfen nicht ohne Sirene fahren, wenn wir Kranke dabei haben, denn wir müssen so schnell wie möglich für andere Transporte wieder frei sein." So kamen wir endlich ganz benommen, sowohl von der ausgestandenen Angst als auch wegen des Tempos — er fuhr so, als müsse er ein Autorennen gewinnen — im Krankenhaus in Beit Jala an.

Dort kam die Ernüchterung. Uns wurde ein Zimmer angewiesen,

das einzige Frauenzimmer, das es gab, ein großes Zimmer mit sechs Betten. Die Patienten waren sehr unterschiedlich: Es gab Kinder, im Bett nebenan lag ein junges Mädchen mit einer Blinddarmentzündung, eine ältere Frau lag im Koma, eine andere Frau hatte Krebs und lag im Sterben, wieder eine andere hatte ein sehr lautes Asthma–Gerät, daneben ein kleiner 6–jähriger Junge, der von einem Hund gebissen worden war, — da sollte nun also unsere Mutter dazu. Nach etwa zehn Minuten — wir hatten sie gerade zu Bett gebracht — bekam sie Atemnot. Ich lief zur Krankenschwester, die einen Arzt holen sollte. Der Arzt kam, und sie war eigentlich vollkommen geschwächt, aber auf einmal richtete sie sich in ihrem Bett auf, ergriff die Hand meines Mannes und sagte: „Mein Sohn, bitte löse mich aus!" Wir wußten im ersten Moment nicht, was sie damit meinte, aber im Arabischen bedeutet das so viel wie „Hilf mir!" Zunächst dachte ich: Möglicherweise glaubt sie, wir seien aus dem israelischen Krankenhaus fortgegangen, weil wir kein Geld mehr hatten, und ich solle ihr das vielleicht genauer erklären. Aber dann dachte ich: Was soll ich ihr sagen? Daß wir kein Geld mehr für sie hatten, wäre hart. Daß für sie keine Hoffnung mehr besteht und wir deswegen gegangen sind, wäre noch härter. Ich sagte daher kein Wort.

Der Arzt, der herbeigekommen war, stieß ihr plötzlich eine Nadel in den Hals. Sie schrie ihn an: „Was machen Sie da?" „Wenn ich einen Bleistift in der Hand gehabt hätte, hätte ich ihr den in den Hals gesteckt, damit sie Luft bekommt, sonst erstickt sie", wandte er sich an uns. „Sie muß sofort notbehandelt werden." Ich sah, wie die anderen Patienten im Zimmer ganz verstört waren, aber sie konnten auch nichts tun. Meine Schwiegermutter sollte dann mit dem Bett schnell in den Operationssaal gebracht werden, doch an der Tür des Operationssaals stellte sich heraus, daß das Bett für die Tür zu breit war. Man mußte also schnell ein Bett aus dem Operationssaal herbeischaffen, und das alles, während sie nach Luft rang. Ich schrie noch: „Warum ist der Eingang so klein? Warum ist er nicht so breit, daß das Bett hindurchpaßt?" Da fiel mir wieder der große Unterschied zwischen einem israelischen und unserem Krankenhaus auf.

Schließlich verschwand meine Schwiegermutter mit dem Arzt im Operationssaal. Anders aber als im israelischen Krankenhaus, wo man nicht sehen konnte, wie jemand operiert wurde, war der Operationssaal hier ein normaler Raum, bei dem man auch direkt hinter der Tür stehenbleiben konnte. So standen wir also draußen vor der Tür, und jedesmal, wenn die Tür geöffnet wurde, sahen wir sie liegen und hörten ihre Schreie, denn sie wurde ohne Narkose operiert. Nach ungefähr einer Stunde kam sie mit einer Trachealkanüle wieder aus dem Operationszimmer. Das Schlimmste war, daß sie ihre Stimme verloren hatte. Als sie in ihr Zimmer zurückgebracht worden war, fiel ich in Ohnmacht. Ich kam wieder zu mir und hatte die gleiche Atemnot wie sie — irgendwie hatte sich das alles auf mich übertragen. Ich war wohl auch seelisch und physisch am Ende. Auf diese Weise kam also auch ich in die Notbehandlung. Ich bekam Sauerstoff und was sonst noch dazugehört. Danach sagte mein Mann: „Wir sind ja jetzt in unserem Dorf, du kannst nun ein bißchen zur Ruhe kommen und dich daheim erholen. Hier sind jetzt genügend andere Familienmitglieder, die in der Nacht bei der Mutter bleiben können." So schickte man mich nach Hause.

Am anderen Morgen besuchte ich meine Schwiegermutter, die immer noch keine Stimme hatte und sich daher nur schriftlich verständlich machen konnte. Sie schrieb in ein Heftchen, das sie mir zeigte. Ich sagte zu ihr: „Ach, weißt du, jetzt hast du mich ertappt. Du weißt, ich kann nicht lesen und schreiben, aber jetzt werde ich es dir zuliebe lernen. Wie soll ich sonst wissen, was du willst?" Da habe ich ihr versprochen, daß ich so schnell wie möglich unsere Schrift lesen lernen wolle, und sie hat mir zugelächelt mit einem zufriedenen Ausdruck im Gesicht. Ich hatte das Lernen der arabischen Schrift nämlich immer vor mir hergeschoben.

Am anderen Tag meinte der Arzt, wir sollten jetzt mit der Chemotherapie beginnen. Meine Schwiegermutter wurde deshalb an einen Tropf gehängt. Meine Vorstellung war immer gewesen, daß alle Medikamente so schnell helfen wie ein Kopfschmerzmittel. Aber dieses Medikament schien anders zu wirken: Es verursachte starke Schmerzen und Übelkeit, so daß ich dachte, da muß etwas nicht in Ordnung sein. Ich rief den Arzt und fragte ihn, was meine Schwiegermutter habe, sie zittere ja vor Schmerzen. Der Arzt sagte, das gehöre zu dieser Therapie: Zuerst gehe es einem ganz schlecht, und erst später könne man sehen, ob es besser gehe. Wir dürften nicht glauben, dies sei eine Behandlung, durch die sie gesund würde, lediglich eine, durch die sie noch etwas länger leben könne. Wenn das Medikament aber nicht anschlägt, dann solle man die Behandlung abbrechen. Wir sollten uns in jedem Fall darauf vorbereiten, daß ihr die Haare ausfallen und daß sie stark abnehmen würde. Daraufhin kam es zu einer Auseinandersetzung zwischen meinem Mann und meinem Schwager. Mein Schwager wollte gerne, daß seine Mutter als schöne Frau sterben sollte. Gäbe es für sie ohnehin keine Hoffnung mehr, warum sollte man sie dann noch quälen und sie häßlich werden lassen. Mein Mann aber meinte: „Wenn der Arzt sagt, man kann ihr Leben noch etwas verlängern, dann sollte man diese Möglichkeit nicht ausschlagen."

KAPITEL

Trauer und Hoffnung

Während die beiden noch stritten, verlor sie das Bewußtsein. Schnell kam der Arzt, und er sagte zu mir: „Ihr könnt sie bis zum nächsten Morgen im Kühlraum des Krankenhauses lassen." Ich erwiderte ganz entsetzt: „Was sagen Sie da? Sie ist doch nicht tot! Warum sagen Sie so etwas?" Darauf antwortete er: „Wenn jemand ins Koma fällt, dann bedeutet das, daß seine Stunden gezählt sind. Wahrscheinlich wird sie den Morgen nicht mehr erleben." Daraufhin wurde natürlich die ganze Familie zusammengerufen, alle, ihre Enkelkinder, ihre Töchter und Söhne, die dann die ganze Nacht an ihrem Bett saßen. Der Morgen kam, aber sie war nicht gestorben. Wir dachten: Wie konnte der Arzt so etwas sagen? Vor allem, daß er das so direkt gesagt hatte! Auch er ist nicht Gott und weiß infolgedessen nicht, wann jemand sterben wird.

Eine ihrer Töchter lebte in Peru. Wir hatten sie, sobald wir wußten, daß meine Schwiegermutter Krebs hatte, angerufen, daß sie kommen sollte. Sie war unterwegs, und ihr Ankunftstermin sollte der Samstagabend sein. Wir hatten Angst, daß sie es nicht mehr schaffen würde, rechtzeitig anzukommen, um von ihr noch Abschied zu nehmen. So saß ich am Bett meiner Schwiegermutter und sagte zu ihr: „Bitte stirb nicht! Deine Tochter kommt!", und sie hatte sie lange Jahre nicht gesehen. Sie konnte mich natürlich nicht hören, aber ich hoffte, daß sie mich dennoch verstünde. Doch dann starb sie am Nachmittag.

Sie blieb noch im Krankenhaus, denn wir dachten an ihre Tochter, die noch kommen sollte. Am kommenden Morgen brachten wir dann einen Sarg zum Krankenhaus und holten meine Schwiegermutter nach Hause. Bei den griechisch–orthodoxen Christen bleibt der Sarg zunächst offen. Er wird erst bei den Frauen aufgestellt. Die Männer befanden sich oben in meiner Wohnung, die Frauen unten im Familienhaus mit dem Sarg. Sie brachten Blumen und bedeckten damit den Leichnam. Die Männer saßen oben, rauchten und unterhielten sich über Politik, über den Alltag; die Frauen unten hatten zu weinen. Für mich war das merkwürdig. Ich hatte meine Schwiegermutter früher immer, wenn sie bei einer Beerdigung gewesen war, sagen hören: „Die arme Frau, die hat sich bald umgebracht vor Trauer um den Tod des Mannes", oder ein anderes Mal über eine andere Frau, deren Mutter gestorben war: „Sie hat so furchtbar geschrien und geweint!" Man mißt in diesem Land die Trauer daran, wie man weint und wieviel man weint. Ich hatte früher meiner Schwiegermutter von meinen Befürchtungen erzählt, daß ich mich, wenn jemand aus unserer Familie einmal sterben würde, vielleicht nicht so verhalten könnte, wie es eigentlich erwartet wird, weil ich mit der arabischen Mentalität und Sitte nicht großgeworden und vertraut bin. Aber sie sagte damals: „Keine Angst, das kommt schon von alleine!"

So stand nun also der offene Sarg im Wohnzimmer, und die Frauen saßen um den Sarg herum, jede ihrem Verwandtschaftsgrad entsprechend: Wir, ihre Töchter und Schwiegertöchter, kamen an erster Stelle. Ich hatte bis dahin noch nie einen Toten von so nah gesehen, obgleich ich durchaus schon auf Beerdigungen gewesen war. Doch ich hatte es dann immer so einrichten können, daß ich mich etwas weiter vom Sarg entfernt aufhielt und meine Augen den Toten nicht sehen mußten. Und jetzt sollte ich unmittelbar am Sarg sitzen und weinen. Die Frauen trugen alle schwarze Kleidung, und wir weinten.

In der arabischen Gesellschaft kann man nicht wie in Deutschland einfach still trauern, d.h. ohne die Trauer deutlich zu zeigen. Ich war einmal in Deutschland bei der Beerdigung der Mutter einer Mitschülerin von mir. Alle standen nur betroffen am Grab, keiner fiel in Ohnmacht, keiner schrie, keiner verlor die Fassung. Hier aber war das anders. Man weinte laut und mit viel Gestik, manchmal schlugen die Töchter sich an die Brust, dann wieder wurden Klagelieder gesungen. Man ruhte sich gewissermaßen vom Weinen aus, indem man diese Klagelieder sang, die aber wiederum so traurig waren, daß man aufs neue anfing zu weinen. Meine Schwiegermutter war am gleichen Tag wie ihr Mann gestorben, nur dreißig Jahre später. Aber man sang für sie, daß sie jetzt mit ihm ein Hochzeitsmahl halten würde, da sie ihn nun wiederfände. Weiter entfernte Verwandte sagten zu ihr, sie möge die anderen Toten grüßen, ihnen von uns erzählen und ihnen sagen, daß wir uns bald alle wiedersehen würden. Eine Frau meinte: „Sie ist uns nur vorangegangen, und wir werden später folgen."

Erst jetzt kam die Schwägerin vom Flughafen. Sie wußte noch nicht, daß ihre Mutter in der Zwischenzeit gestorben war. Sie kam herein ins Wohnzimmer, sah den Sarg, sah die schwarzgekleideten Frauen weinen, lief zum Sarg und schrie nur: „Ich hasse die Juden!", und ich wußte, was sie damit meinte.

Dazu muß ich vorab eine kleine Geschichte erzählen: Sie hatte in Saudi–Arabien gelebt, und nach Jahren hatte ihr Mann zu ihr gesagt: „Ich will mich wieder in Beit Jala, meinem Heimatort, niederlassen." Sie kamen und eröffneten hier ein Möbelgeschäft. Eines Nachts wurde vom Dach ihres Möbelgeschäfts aus ein israelischer Siedlerbus mit Steinen beworfen. In der gleichen Nacht noch wurde ihr Mann festgenommen, denn man verdächtigte ihn, die Tür seines Möbelgeschäfts offengelassen zu haben, damit die Partisanen auf das Dach gelangen konnten. Er wurde also verhaftet und war 18 Tage lang verschollen. Wir standen nämlich unter dem Militärgesetz, und das bedeutete, daß die Israelis das Recht hatten, einen von uns, den sie gefangengenommen hatten, 18 Tage lang festzuhalten, ohne die Familie zu benachrichtigen. Nach 18 Tagen ließ man ihn frei. Er sah sehr entstellt aus, denn man hatte ihn geschlagen, gefoltert, er hatte überall Brandwunden von ausgedrückten Zigaretten, seine Hände und Arme waren geschwollen. Wir fragten ihn: „Was ist mit dir passiert? Was haben sie mit dir gemacht?", aber er hat kein Wort darüber gesagt. Er sagte nur: „In diesem Land bleibe ich nicht länger." Darauf sind sie nach Lateinamerika ausgewandert, nach Peru.

Es galt damals folgendes Gesetz: Man hatte ein Laissez–passer, ein Reisedokument, das ein Jahr gültig war. Nach einem Jahr und einem Tag hatte man das Recht verwirkt, in seine Heimat zurückzukehren. Sie waren also in Peru und kamen im darauffolgenden Jahr wieder zurück, um die Papiere zu erneuern, desgleichen ein Jahr später. Aber im dritten Jahr hatten sie in Peru schon so tiefe Wurzeln geschlagen — und es war ja auch eine Geldfrage —, daß sie sagten, sie könnten nicht mehr jedes Jahr kommen. Nach fünf Jahren wurde mein Schwager von Indios erschossen. Er war Geldwechsler, und man hatte ihn überfallen. Wegen ungefähr 5000 Dollar, die ihm gehörten, hat man ihn erschossen.

Die Frau mit drei kleinen Kindern, das jüngste ein Jahr alt, blieb zunächst noch im Ausland. In der arabischen Gesellschaft gilt als inakzeptabel, daß eine Frau allein im Ausland lebt. Nicht einmal in Beit Jala leben Frauen allein. Man ist immer in der Familie: entweder beim Vater oder beim Bruder oder beim Ehemann. Daher wollte sie auch zu ihrer Familie zurück, zu ihrer Mutter, zu ihren Geschwistern. Es war damals schwer, mit ihr telephonisch in Kontakt zu bleiben, denn auf der Westbank waren die Telephonleitungen zur Außenwelt abgeschnitten — auch das war damals eine Kollektivstrafe. So mußten wir immer nach Tantur, einem biblischen Research–Centre am Checkpoint, direkt hinter der Grenze. Dort funktionierte die Telephonverbindung zur Außenwelt. Von da aus haben wir immer mit ihr telephoniert und sie gebeten wiederzukommen. Sie sagte, sie müsse nur noch ihrer Papiere wegen zur israelischen Botschaft gehen, und dann käme sie. Sie ging also zur israelischen Botschaft, und dort wurde natürlich bemerkt, daß ihr Laissez–passer schon seit ein paar Jahren nicht mehr erneuert worden war. Sie erhielt die Mitteilung, daß sie nun kein Recht mehr habe, in Israel zu wohnen. Sie weinte und flehte, aber: Gesetz ist Gesetz. So mußte sie sich in der Fremde allein durchbringen. Sie war als arabische Frau nie mit der Arbeit ihres Mannes in Berührung gekommen, und daher war alles sehr schwer für sie.

Jahre später bekam sie von uns den Anruf, daß sie kommen solle, da ihre Mutter im Sterben läge. Sie ging also wieder zur israelischen Botschaft, und dort sagte man ihr, daß die Ausstellung eines Visums zwei Wochen dauere. Von da an ging sie jeden Tag zur Botschaft und bat, man möge sich beeilen, denn ihre Mutter liege im Sterben, und sie habe sie seit Jahren nicht mehr gesehen. Sie wolle doch noch einmal wenigstens vor ihrem Tod bei ihr sein. Aber man hatte kein Mitleid mit ihr. Erst als die zwei Wochen verstrichen waren, gab man ihr endlich das Visum für Israel. Und so kam sie zu spät, genau gesagt: dreieinhalb Stunden zu spät. So begriff ich genau, was sie mit dem Satz „Ich hasse die Juden" in diesem Moment meinte, und ich konnte sie auch nicht trösten. Es war für sie sehr schwer. Sie sah ihre tote Mutter im Sarg liegen und weinte unablässig, und die Frauen, die um sie waren, weinten mit ihr.

Dann läuteten die Glocken — es war Zeit für die Beerdigung. Erst kamen die Männer mit dem Priester, um den Sarg abzuholen, dann brach die Hysterie aus. Die Frauen versuchten, den Sarg festzuhalten, und flehten: „Bitte, laßt sie uns noch etwas, wir haben noch nicht genug geweint, es ist noch zu früh, die Erde soll sie noch nicht aufnehmen!" Doch die Männer drängten die Frauen zurück und trugen den Sarg fort. An der Art und Weise, wie der Sarg getragen wird, kann man übrigens auch erkennen, wie sehr der Tote geliebt wurde: Man kann den Sarg auf den Schultern, man kann ihn auf den Händen, man kann ihn aber auch auf den Fingerspitzen tragen. Die Söhne und Enkelsöhne trugen also den Sarg zur Kirche: vornweg ein Kreuz, dann der Sarg, dann die Priester, dann die Männer und zum Schluß die Frauen. In der Kirche wurde der Sarg in der Mitte aufgestellt. Nach dem Gottesdienst verabschiedete man sich. Man steht aber nicht, wie in

Deutschland, neben dem Sarg und sagt ein paar Worte des Abschieds, sondern man küßt und umarmt den Toten, und zwar so, als wäre er noch am Leben. Doch auch das hängt vom Verwandtschaftsgrad ab: Die Töchter umarmten ihre Mutter und bedeckten ihr Gesicht mit Küssen, so daß man sie schließlich gewaltsam fortziehen mußte. Entferntere Verwandte hingegen küßten auf die Stirn. Man beginnt immer mit den nächsten Verwandten. Ich selber hatte ein Gefühl der Scheu, es kostete mich viel Überwindung, einen Toten mit meinen Lippen zu berühren, obwohl es meine Schwiegermutter war, die ich sehr geliebt hatte. Ich wußte nicht, was ich tun sollte, denn jeder in der Kirche würde sich von ihr mit einem Kuß verabschieden. Ich ließ daher zuerst die ganze nähere Verwandtschaft vorgehen, doch schließlich kam die Reihe auch an mich, und ich wollte ja nicht den Eindruck erwecken, als hätte ich sie nicht gemocht. Ich ließ also meine langen Haare wie einen Vorhang herab und tat nur so, als küßte ich sie. Ob das jemand bemerkt hat, weiß ich nicht.

Dann wurde der Sarg wieder angehoben, und aufs neue brach eine Hysterie aus, diesmal in der Kirche: Die Frauen schrieen, weinten, sagten Abschiedsworte, vereinzelt hörte man auch Menschen rufen: „Vergiß nicht, meinen Mann zu grüßen! Vergiß nicht, meinen Sohn zu grüßen!" Dann zogen die Priester und die anderen Männer zum Friedhof und die Frauen nach Hause. Es ist heutzutage nicht mehr üblich, daß die Frauen mit zur Beerdigung gehen, denn vor Jahren hatte eine Frau aus Verzweiflung über den Tod ihres Mannes ihre Kleider zerrissen und stand so völlig entblößt am Grab. Daraufhin wurde verfügt, daß Frauen künftig nicht mehr mit zum Friedhof gehen sollten.

So gingen wir nun nach Hause. Alle, die bei dem Trauergottesdienst in der Kirche gewesen waren, kamen mit, um der Familie beizustehen. Die Trauerfeierlichkeiten, die dann folgten, dauerten drei Tage. Während dieser drei Tage kamen alle Menschen aus dem Dorf, um ihr herzliches Beileid auszudrücken. Sie bekamen schwarzen Kaffee angeboten, den sie mit allen guten Wünschen für ein langes Leben tranken. An diesen drei Tagen kochte man nicht selber, sondern die Verwandtschaft brachte fertig gekochte Gerichte ins Haus, man wusch auch keine Wäsche, man stand kaum auf, man war nur in tiefer Trauer und sprach mit den Leuten, die gekommen waren, über die Tote. Man begann zu erzählen, was sie gesagt und wie sie gelebt hatte. Nach diesen drei Tagen wurde wieder ein Gottesdienst gefeiert, und noch vierzig Tage lang blieb das Haus für die Familie offen. Die Verwandten kamen jeden Tag, um sich mit uns zu unterhalten und bei uns zu sein. Das ist eine Art von Seelsorge. Man wird nie alleingelassen, man kommt gar nicht dazu, den eigenen Kummer in sich hineinzufressen, denn man kann ihn immer und immer wieder zeigen und ausdrücken. Das hilft sehr.

Nach vierzig Tagen fand noch einmal ein Gottesdienst statt, und damit war die offizielle Trauerzeit für die entfernteren Verwandten zu Ende. Während dieser vierzig Tage hörten wir kein Radio und schalteten keinen Fernseher ein. Danach trägt die engere Familie noch weiter schwarze Kleidung, die gedämpfte Stimmung bleibt, man geht auf keine Feste, nicht zu Hochzeiten, nicht zu irgendwelchen Vergnügungen, sondern man lebt ein Jahr lang in Trauer, äußerlich und innerlich. Nach einem halben Jahr wird wiederum ein Gottesdienst gefeiert und schließlich noch einmal nach einem Jahr.

Nachdem es den Palästinensern auf der Westbank schlechter ging, wurden schließlich auch wir davon betroffen. Da kam mir wieder meine deutsche Erziehung zugute: Du mußt etwas tun. Ich fing also an zu überlegen, was ich tun könnte. Da ich nicht arabisch lesen und schreiben konnte, fielen mehrere Tätigkeiten von vornherein aus. Zudem hatte ich in Deutschland auch keine Berufsausbildung abgeschlossen, und so war es sehr schwierig, etwas Passendes zu finden. Außerdem war meine Freiheit auf einen Umkreis von drei Kilometern beschränkt. Die Westbank war abgesperrt, überall Checkpoints. Ich bat schließlich Gott um Hilfe: Ich betete, daß Gott mir eine Idee zu einer Tätigkeit eingeben möge. Und diese Idee kam. Ich dachte mir: Das einzige, was du beherrschst, ist deutsch. Ich kenne die deutsche Sprache, die deutsche Kultur, und damit müßte sich doch etwas anfangen lassen. Ich überlegte mir, daß sich vielleicht deutsche Touristen für unser Leben interessieren könnten, dafür, wie wir unsere Kinder erziehen, wie christliche Palästinenser auf der Westbank leben. Ich entwarf also ein Plakat, das ich an der Erlöserkirche aushängte, und daraufhin kamen auch Gruppen zu mir.

Ich mußte aber nun weiterdenken: Wie kann ich aus diesem Erzählen auch eine finanzielle Unterstützung werden lassen? Ich bin ja keine Gemeinde, ich bin keine Institution, kein Krankenhaus, für das man eine Spende hätte geben können. Da kam mir die Idee, ein traditionelles arabisches Essen zu kochen und dafür Geld zu nehmen: Das ist dann ein Geben und Nehmen, wobei ich mich wohl fühlen würde. So stand mein Entschluß fest. In der Tat kamen dann Gruppen zu mir, denen es gefallen hat, was ich erzählte, und denen auch mein Essen schmeckte.

Manchmal hatte ich Schwierigkeiten mit den israelischen Reiseleitern. Es waren vor allem zwei Probleme. Zum einen: Wenn die Gruppen mein Plakat in Jerusalem lasen, war es oft zu spät, denn sie hatten bereits ein volles Programm. Zum andern war es der israelische Guide, der ihnen Angst zu machen versuchte: Es sei gefährlich, in die Westbank zu fahren, wer weiß, was wir für Menschen seien, und so weiter. Es lag natürlich auch nicht unbedingt in seinem Interesse, daß eine deutsche Reisegruppe Palästinenser näher kennenlernt. Doch wenn die Gruppen dann da waren, gab es häufig aufschlußreiche Gespräche. Einmal sagte ich z.B., daß auch für uns Jerusalem eine wichtige Stadt sei, gleichermaßen für Juden, für Christen und auch für Muslime. Da fragte der israelische Guide: „Warum denn für Muslime?", worauf ich erwiderte: „Ja, das ist auch eine heilige Stadt für Muslime, sie haben dort die El Aksa–Moschee, sie haben den Felsendom." Er sagte darauf: „Mohammed hat aber nie das Heilige Land betreten", und ich entgegnete: „Er ist doch in der Nacht mit dem Pferd von Mekka nach Jerusalem geritten", und auf einmal sagte der Guide: „Was, wegen eines Traumes von Mohammed, wegen eines Hirngespinstes, sollen wir Jerusalem den Muslimen überlassen?" Da sagte ich zu ihm: „Aber das ist der Glaube", womit ich hoffte, die Ehre der Muslime wiederherzustellen, und fügte hinzu: „Wenn wir zu Andersgläubigen sagen: 'Jesus, wahrer Gott und wahrer Mensch', dann sagen sie auch: 'Gott ist Gott, und niemals ist Gott Mensch'. Die Menschen mit einem anderen Glauben können das nicht verstehen. Für sie klingt das nur seltsam. Oder wenn wir sagen: 'Jesus ist auferstanden', so halten sie dagegen: 'Wer tot ist, kann niemals auferstehen.' Bestimmt belächeln andere Religionen auch die unsrige." Ich bemerkte, wie die Gruppe stiller wurde und anfing, darüber nachzudenken, daß vielleicht auch unser Glaube auf andere Menschen anders wirkt. Und so sagte ich zu dem Guide: „Auch in deiner Religion gibt es gewiß Dinge, die wir belächeln könnten, aber haben wir das Recht dazu?" Ich dachte dabei an alle Gebote, die man etwa am Schabbat halten muß. Ich sagte: „Man muß jede Religion respektieren." Daraufhin gab er Ruhe.

Wir können also nur hoffen, daß wir lernen, einander zu respektieren, wenn wir mehr voneinander erfahren und mehr voneinander wissen. Ich hoffe auch, daß es für uns eine Zukunft geben wird, denn nur, wenn wir Hand in Hand, beide Völker gemeinsam, der Zukunft entgegengehen, wird es für beide ein Überleben geben. Sonst werden wir beide untergehen.

Christen und Kirchen im Mittleren Osten

von Paul Löffler

An einer Stelle in ihrem Bericht erzählt Faten Mukarker, daß sie als kleines Mädchen unbedingt an der Erstkommunion teilnehmen wollte, weil sie damals in Deutschland eine katholische Schule besuchte. Darauf reagierte ihre Mutter schroff: „Nein, das geht nicht, das ist nicht unsere Religion: Wir sind griechisch–orthodox." Später erfahren wir, daß sie sich als mit einem orthodoxen Christen verheiratete Ehefrau der evangelischen Gemeinde an der Erlöserkirche in Jerusalem anschloß. Was sind dies für Unterschiede? Wie ist es dazu gekommen, daß es überhaupt Christen im arabisch–muslimischen Mittleren Osten gibt?

Jeder Besuch im Nahen Osten und erst recht in Palästina oder gar Jerusalem führt dem Abendländer schnell vor Augen: Christen und christliche Kirchen sind dort ebenso beheimatet wie Muslime und Juden; aber:

Christen sind dort anders !

Wer einmal durch die Altstadt von Jerusalem schlendert oder Bethlehem, den Geburtsort von Faten Mukarker, besucht, der wird das andersartige Erscheinungsbild der Christenheit bereits auf der Straße beobachten. Zumindest die geistlichen Vertreter der Christenheit tragen einen auffälligen Habitus, und der unterscheidet sie jeweils von den anderen: Da sieht man eine ganz in Schwarz gehüllte Gestalt eines Armeniers, dessen Gesicht unter einer tief in die Stirn fallenden Kapuze fast verschwindet. Der Kopf eines koptischen Mönchs wird dagegen von einen muslimisch wirkenden geflochtenen Turban gekrönt. Ein bärtiger Pope, wie wir ihn auch aus Griechenland kennen, trägt seinen hochragenden zylinderförmigen Hut. Dann begegnet man

Geistlichen ohne Kopfbedeckung, aber mit einem hochge-schlossenen weißen Kollar, was auf einen „Lateiner" oder prote-stantischen Pfarrer hindeutet.

Beim Betreten der verschiedenen Gotteshäuser sind die Unter-schiede noch sinnfälliger. Wir nehmen eine jeweils anders geprägte Atmosphäre wahr. Sie stellt sich in der Grabeskirche zu Jerusalem be-sonders dicht dar. Die Orthodoxen nennen sie übrigens „Auferste-hungskirche" und setzen bereits damit einen anderen Akzent. Ne-beneinander findet sich dort eine Vielzahl unterschiedlicher Kapel-len und sakraler Räume: byzantinischer Prunk neben den gleichfalls reich ausgestatteten, aber düster und streng wirkenden Stätten der Ar-menier, Kopten und Syrer; der deutlich von Italien beeinflußte Stil der Katholiken und – nicht in der Grabeskirche, aber in der Weih-nachtskirche in Bethlehem – der schlichte Stil mit den dominieren-den Glasfenstern der Evangelischen. Diese Vielfalt beschränkt sich keineswegs nur auf die jeweilige ästhetische Ausschmückung. Sie sitzt viel tiefer und findet ihren Ausdruck in der Darstellung des Kreuzes, dem gemeinsamen christlichen Symbol: Da entdecken wir ein gleichschenkliges koptisches Kreuz mit seinen abgerundeten En-den, ähnlich das armenische, das aber langgestreckt ist. Die östlichen und griechischen Orthodoxen zeigen ein Kreuz mit mehreren Quer-balken. Das katholische Kruzifix mit dem Korpus betont die Bot-schaft des hingebenden Leidens. Das einfache, wiederum gleich-schenklige Jerusalemkreuz, umgeben von vier kleineren Kreuzen, wie es auch der Deutsche Evangelische Kirchentag übernommen hat, geht auf die Kreuzfahrer zurück und hat besonders im Westen An-klang gefunden.

Die so anders wirkende Vielgestalt des Christentums im Mittleren Osten verwirrt und fasziniert zugleich uns Abendländer. Sie bietet aber auf jeden Fall eine Chance, die vielfältigen Wurzeln der welt-weiten Christenheit und ihre pluralen Ausformungen konkret und anschaulich kennenzulernen. Denn hier finden wir von den Anfän-gen bis heute das größte Spektrum christlicher Präsenz. Hier in der Ursprungsregion ist Kirchengeschichte in allen ihren Ausprägungen lebendig.

Eine kurze Kirchengeschichte Palästinas

Kirchengeschichte läßt sich am Beispiel Palästinas besonders gut darstellen, weil es nicht nur die christliche Kernregion des Mittleren Ostens bildet, sondern weil hier ja auch alles einmal begonnen hat. Aus dem Neuen Testament wissen wir um die Entstehung der ersten christlichen Gemeinde in Jerusalem mit dem in der Apostelgeschichte berichteten Pfingstfest. Obwohl die Kontinuität der Jerusalemer Urgemeinde mit der Zerstörung der Stadt und Vertreibung der Juden im Jahr 70 zerbrach, müssen einzelne christliche Familien weiter in Palästina gelebt haben. Nach dem endgültigen Verbot jüdischer Siedlung dort durch die Römer im Jahr 135 waren es nicht mehr Judenchristen, sondern Einheimische aramäischer und hellenistischer Zugehörigkeit. Die älteste historische Quelle, der Bericht eines unbekannten Pilgers aus dem Jahr 333, enthält Hinweise auf mehrere Kirchenbauten in Jerusalem und auf eine „Geburtskirche" in Bethlehem. Kaiser Konstantin und seine Mutter Helena betrieben dann ab etwa Mitte des vierten Jahrhunderts einen umfangreichen Kirchbau an den heiligen Stätten. Palästina wird schnell zu einem Zentrum der byzantinischen Reichskirche (bei uns oft als ost–römische und mithin ost-orthodoxe bezeichnet). In Jerusalem stand ihr ab 451 ein Patriarch vor, dessen Sitz von den alten christlichen Konzilen als rangältester anerkannt wurde. Palästina war aber auch ein theologisches und liturgisches Zentrum: Hier enstand die „Jerusalemer Liturgie" als eine der Grundformen in der christlichen Gottesdienstgeschichte. Seit 386 wirkte der Kirchenvater Hieronymus in Bethlehem. Trotzdem blieb die Christenheit Palästinas auch damals eine Minderheit im großen Religionsgemisch der Region.

Ab der Mitte des fünften Jahrhunderts führten die theologischen Streitigkeiten in der Alten Kirche zu einer grundlegenden konfessionellen Spaltung. Auf der einen Seite stand die immer noch dominierende byzantinisch–griechische Reichskirche, die mit Rom verbündet war und wie Rom auf der sowohl göttlichen wie menschlichen Natur Jesu Christi beharrte. Auf der Gegenseite standen die sogenannten Monophysiten (was „eine Natur" heißt), weil sie darauf bestanden, daß Jesus Christus allein göttlich sei. Im ganzen Orient entwickelte sich aus diesen tief greifenden dogmatischen Differenzen, die sich mit regionalen Traditionsunterschieden und Machtkämpfen, beispielsweise zwischen Antiochien und Alexandrien verbanden, eine weitreichende Kirchenspaltung. Auch in Palästina kam es so zum spannungsgeladenen Gegeneinander zwischen „Byzantinern" und „Orientalen". Zu letzteren gehören die armenische, die koptische und syrische (sowie die äthiopische) Kirche. Sie alle waren und sind in Palästina, insbesondere Jerusalem, vertreten. 1054 kam es dann noch zu einer weiteren Trennung zwischen der östlichen Orthodoxie und der römisch–katholischen Kirche, so daß seitdem die christliche Welt dreigeteilt und seit der protestantischen Reformation im Westen viergeteilt ist. Erst mit der ökumenischen Bewegung in diesem Jahrhundert haben sich die kirchentrennenden Spannungen entscheidend gemildert. 1974 führte sie zur Gründung des „Mittelöstlichen Kirchenrats"(MECC), dem alle vier Konfessionsfamilien angehören.

Das Zeitalter unter muslimischer Herrschaft begann in Palästina im Jahr 638 mit dem Einzug des Kalifen Omar in Jerusalem. Zwar garantierte die muslimische Macht den christlichen Kirchen den Erhalt ihrer bestehenden heiligen Stätten wie auch ihre religiöse Selbstbestimmung. Aber die Christen wurden doch von nun an bis zum Ende des Osmanischen Reiches nach dem Ersten Weltkrieg zu Bürgern zweiter Klasse in einer islamisch geprägten Gesellschaft. Die muslimische Herrschaft verlief vor allem anfänglich meist friedlich. Der eigentliche gewaltsame Einbruch erfolgte erst durch die Kreuzzüge. Bei der Eroberung von Jerusalem im Jahr 1099 metzelten die Kreuzritter die gesamte Einwohnerschaft nieder und errichteten danach ein abendländisch–christliches Königtum. Hand in Hand damit wurde die römisch–katholische Jurisdiktion eingeführt und in Jerusalem ein „Lateinisches Patriarchat" eingerichtet. Obwohl dieses nur von 1099 bis 1291 – bis zur Vertreibung der Kreuzritter – existierte (Neuerrichtung im Jahr 1847), brachten die Kreuzzüge die genannte konfessionelle Dreiteilung der Christenheit auf Dauer nach Palästina: Neben den Griechisch–Orthodoxen und Orientalisch–Orthodoxen wurde die römisch–katholische Kirchengemeinschaft, hier die lateinische genannt, auf Dauer in Palästina heimisch. Später bildeten sich durch Missionstätigkeit im Nahen Osten zusätzlich mit Rom unierte orthodoxe Kirchengemeinschaften (griechisch–katholische, armenisch–katholische, koptisch–katholische, syrisch–katholische: die sogenannten Chaldäer).

Ab der Mitte des letzten Jahrhunderts übernahmen palästinensische Christen und Christinnen die Funktion, zu Trägern der Modernisierung zu werden. Evangelische und katholische Missionen aus Westeuropa und Nordamerika begannen, in Syrien–Libanon, Ägypten und Palästina mit Hilfe einheimischer Christen ein modernes Schul– und Erziehungssystem nach westlichem Muster aufzubauen. Es besteht bis heute neben den staatlichen Schulen und wurde zum Rückhalt für eine christlich–palästinensische Mittelschicht. Aus diesem Zusammenwirken entstanden Schulen wie die von der Kaiserswerther Diakonie getragene „Talitha Kumi"–Schule in Beit Jala und die Schnellerschen Anstalten (Verein für das Syrische Waisenhaus). In jüngster Zeit haben sich, etwa mit Unterstützung von „Brot für die Welt", die Aktivitäten auf weitere soziale und medizinische Einrichtungen ausgeweitet und schließen muslimische Partner ein.

Aus der Arbeit der westlichen Missionen gingen auch zwei kleinere Kirchen der reformatorischen Tradition hervor: die (anglikanische) Bischöfliche Kirche von Jerusalem und dem Mittleren Osten und die Evangelisch–Lutherische Kirche in Jordanien–Palästina. In den letzten fünfzig Jahren kamen Ableger anderer protestantischer Gemeinschaften dazu: Adventisten, Baptisten, charismatische und pfingstlerische Gruppen. Sie bilden ebenso wie die hundertjährige deutsche Gemeinde an der Erlöserkirche in Jerusalem zusammen mit den ungezählten römisch–katholischen und orthodoxen Kommunitäten aus allen Ländern Europas und Amerikas eine zweite christliche Präsenz in Palästina. Sie entstand und entsteht aus der Anziehungskraft von Jerusalem und Palästina als symbolischem Zentrum für die ganze Christenheit. Diese Präsenz ist jedoch von der einheimischer palästinensischer Christen zu unterscheiden, die mit den orthodoxen und katholischen palästinensischen Christen zur einheimischen Christenheit zählen, die lange vor dem Islam dort existierte.

Arabische Christen im Mittleren Osten

Die vier in Palästina ins Auge fallenden einheimischen Konfessionsfamilien finden sich überall im Mittleren Osten. Sie werden sich zunehmend bewußt, daß sie als christliche Minderheit (etwa 10%) in der muslimischen Region nur gemeinsam ihre Zukunft gestalten können und daß sie dafür auch eine gemeinsame Prägung durch die arabische Kultur und orientalische Identität mitbringen.

Die große Mehrheit der mehr als 10 Millionen Christen, die im Mittleren Osten beheimatet sind, spricht Arabisch als Muttersprache und gehört damit zur Kultur– und Lebenswelt der Araber. Kleinere Gruppen sind Armenier und Griechen (wie der Patriarch und die oberste Hierarchie der größten orthodoxen Kirche in Palästina), die allerdings schon seit Jahrhunderten in dieser Region seßhaft sind. Sie alle gehören von Anfang an zum Mittleren Osten und haben sein Schicksal und seine Geschichte fast 2000 Jahre lang geteilt. Das gilt übrigens auch für die jüngeren katholischen und evangelischen Missionskirchen, weil sie sich ja aus der Mitgliedschaft der alten Kirchen gebildet haben. Darüber hinaus haben sich die Christen im Mittleren Osten nicht nur mit der orientalischen und später arabischen Kulturwelt zutiefst identifiziert, sondern zu ihrer Entwicklung entscheidend beigetragen. Arabische Kultur und Sprache, obwohl mit dem Koran verbunden, sind von den mittelöstlichen Christen mitgeprägt. Beispielsweise ist die arabische Renaissance in der zweiten Hälfte des letzten Jahrhunderts, die zur geistigen Grundlage der arabischen Nationalbewegung wurde, ohne den arabisch–christlichen Beitrag nicht vorstellbar.

Die arabischen Christen verteilen sich auf Ägypten und auf einen halbmondförmigen Landstrich von Palästina über die libanesischen und syrischen Berge bis zum Zweistromland im heutigen Nordsyrien und Irak. Die beiden Konzentrationspunkte und damit Eckpfeiler der christlichen Präsenz sind dabei seit alters her Ägypten und der Libanon mit Teilen Syriens. Arabische Christen gehören allen sozialen Schichten an. Die breite Basis bilden die bäuerlichen Familien in christlichen Dörfern im Niltal oder Zweistromland oder in den Bergen von Syrien, dem Libanon und Palästina. Daneben gibt es überwiegend christliche Städte, wie der Heimatort von Faten Mukarker, Beit Jala, in denen vom Bürgermeister bis zum kleinen Handwerker oder Arbeiter eine Mehrheit Christen sind. In allen größeren Metropolen des Mittleren Ostens wie Alexandria, Kairo, Jerusalem, Damaskus und Beirut hat sich ein starkes christliches Bürgertum angesiedelt. Seine aktive Rolle beim Aufbau eines modernen Erziehungswesens hat eine überproportional große Gruppe von Intellektuellen hervorgebracht. Im Libanon findet sich bis heute ein christliches Großbürgertum. Ebenso gibt es vereinzelt christliche Notabeln und Feudalherren.

Zahlen über die Religionszugehörigkeit sind nur als Schätzungen oder Annäherungswerte zu verstehen, weil Religionsstatistiken in der Regel nicht erhoben werden. Dazu kommt die schwer zu beziffernde Zahl von außerhalb der Region lebenden Christen, die sich in einem Emigrationsprozeß befinden, aber auch weiterhin ihrer Heimatgemeinde verbunden bleiben und beispielsweise eine doppelte Staatsbürgerschaft aufrechterhalten. Das erklärt die erheblichen Abweichungen bei Mitgliedszahlen, die man immer wieder liest und hört. Wie immer man rechnet, bleibt Faktum, daß nur im Libanon Christen fast die Hälfte der Wohnbevölkerung ausmachen. Sonst sind sie überall eine Minderheit von unter zehn Prozent mit Ausnahme von Ägypten: Hier beträgt der Prozentsatz zwischen 15 und 17%, was rund 8 Millionen Christen ergibt. In Palästina, das heißt auf der Westbank, im Gaza–Streifen und in Ost–Jerusalem sind die Christen trotz ihrer alten Tradition und wichtigen gesellschaftlichen Rolle auf 2,5% (in Ost–Jerusalem 7,3%) geschrumpft[1]. In anderen Ländern stellen Christen noch kleinere Gruppen dar oder sind, wie in Saudi-Arabien, offiziell gar nicht vorhanden. Miteinzubeziehen sind allerdings auch die wachsenden Kirchengemeinschaften der Auswanderer in vielen Teilen der Welt, besonders in Nord–und Südamerika, Australien, aber auch in Teilen West– und Südafrikas und in Westeuropa. Sie bleiben ihren jeweiligen Mutterkirchen eng verbunden und verbleiben auch in der Regel unter der Jurisdiktion der Patriarchate im Mittleren Osten.

Seit einem Jahrhundert wandern christliche Familien aus dem Mittleren Osten in größerer Zahl ab. Sie werden von den besseren wirtschaftlichen Möglichkeiten in der westlichen Welt angezogen. Christen konnten diese in Notzeiten nutzen, weil sie dank ihrer westlichen Kontakte und guten Schulbildung eine bessere Chance als Muslime besitzen, dort Fuß zu fassen. Der Nahost–Konflikt, zahlreiche Kriege seit 1948, Bürgerkrieg im Libanon und ethnische Auseinandersetzungen, die gesamte politische Instabilität der Region, aber auch zunehmender islamischer „Fundamentalismus" haben den Auswanderungstrend in den letzten Jahrzehnten verstärkt. Vor allem für einige kleinere Kirchengemeinschaften führt das auf längere Sicht zu existenzbedrohenden Zuständen. Die im Mittelöstlichen Kirchenrat vereinten Kirchenführer haben bei einer Versammlung im Januar 1998 auf die zunehmende Marginalisierung der christlichen Gemeinschaften hingewiesen, die sich besonders stark in der Südtürkei, im Irak, im Libanon und Palästina auswirkt. Sie riefen die Christen im Mittleren Osten dazu auf, sich noch stärker im Leben ihrer Gesellschaft zu engagieren.

Christen und Muslime

Ein Kernpunkt, wie es in Zukunft mit der Christenheit im Mittleren Osten weitergeht, liegt in der Gestaltung der christlich–muslimischen Beziehungen.

Anders als wir es oft in unseren Kirchengeschichtsbüchern lesen, haben die Kirchen den Aufbruch des Islam ab 622 in ihrer Region positiv erlebt. Als bereits Mitte des siebten Jahrhunderts arabisch–muslimische Heere bis zum Mittelmeer vorstießen, Ägypten eroberten und praktisch den gesamten Mittleren Osten schnell und relativ unblutig unter ihre Kontrolle brachten, begrüßten dies zumindestens die nichtbyzantinischen Kirchen. Für sie bedeutete es das Ende der Diskriminierung durch das christliche Byzanz. Die muslimische Herrschaft wurde insbesondere in der Anfangszeit unter der weltoffenen und toleranten Kalifendynastie der Omaijaden in Damaskus als „pax arabica" oder „pax islamica" erfahren. Sie einte und befriedete die gesamte Region und beendete auch die interkonfessionellen Streitigkeiten, was besonders den orientalisch Orthodoxen zugute kam. Ein bizarres Beispiel dafür ist, daß der Zwist zwischen den christlichen Konfessionen in der Grabeskirche in Jerusalem dadurch beendet wurde, daß der Kalif die Schlüssel zur Kirche einer muslimischen Familie in Obhut gab – eine Regelung, die bis heute gilt.

Die rasche Ausbreitung des Islam innerhalb weniger Jahrzehnte wurde allerdings nicht nur durch die inneren Spannungen im vorislamischen Christentum gefördert. Der kraftvolle religiöse Aufbruch des Islam nutzte die bereits vorher bestehende kulturelle Ausstrahlung und die wirtschaftlichen Einflüsse der Araber im Mittleren Osten. Die Arabisierung und Islamisierung des Mittleren Ostens bedeutete trotzdem einen gewaltigen Einschnitt für alle Christen, waren doch zuvor viele Kerngebiete der Region wie das Niltal bis nach Nubien, Palästina und Syrien einschließlich des heutigen Libanon, das Zweistromland und die heutige Nordosttürkei während der ersten Jahrhunderte unter christlichem Einfluß. So finden sich beispielsweise Ruinen von Dutzenden byzantinischer Städte in Nordsyrien. Das christliche Mönchtum hatte nicht nur seinen Ausgangspunkt, sondern seine Basis in zahllosen Klöstern, monastischen Siedlungen und Eremitenkolonien zwischen der ägyptischen Wüste und dem „Berg der Gottesknechte" /(„Tur Abdin") sowie Kappadokien in der Osttürkei.

Die Muslime beanspruchten, in den Gebieten, die sie beherrschten, im sogenannten „Haus des Islam", eine Gesellschaft und Staatsform nach islamischen Maßstäben einzuführen. Das war unter anderem auch eine theologische Herausforderung an das christliche Offenbarungsverständnis, mit dem sich der Anspruch verband, in Jesus Christus die abschließende Wahrheit Gottes empfangen zu haben. Bereits im siebten Jahrhundert hat sich der Kirchenvater Johannes von Damaskus mit diesem Problem auseinandergesetzt und eine Antwort gefunden, die weithin noch heute für die östlich–orientalische Theologie gültig ist. Johannes von Damaskus erklärte den Islam zu einer Häresie: Die Muslime waren damit zwar Ketzer, die theologisch von der christlichen Wahrheit abwichen, mit denen man jedoch friedlich zusammenleben konnte. Tatsächlich haben dann auch die Christen und Kirchen im Mittleren Osten 1300 Jahre lang unter islamischer Schutzherrschaft weiterexistiert.

Denn der Islam erkennt seinerseits Christen und Juden als „Volk des (Offenbarungs–) Buches" und damit als Gottgläubige an. Diese Tolerierung der jüdischen und christlichen Religionen geht von einer gemeinsamen Offenbarungsgeschichte aus, in der beide dem Islam vorausgehen. Diese Sicht ist tief im Koran verankert und später im sogenannten „Millet–System" rechtlich umgesetzt worden. Es gesteht den christlichen und jüdischen Religionsgemeinschaften eine innere Selbstverwaltung zu und läßt sie ihren Kultus (Liturgie und Gottesdienst) wie ihre Kasualien (Taufe, Eheschließung) gemäß ihrer Tradition ausüben. Auf dieser Grundlage sind die christlichen Kirchen Teil der orientalischen Religions– und Kulturwelt geblieben. Sie sind allerdings im Laufe der Zeit zu Minderheiten in einer muslimischen Welt geschrumpft. Ehemalige Christen schlossen sich der dominierenden Gesellschaft und Religion an. Es gab aber auch Zeiten akuter Diskriminierung und Verfolgung für Juden und Christen.

Gleichzeitig erfolgte ein intensiver wechselseitiger Austausch, in dem, insbesondere während der ersten Jahrhunderte der islamischen Zeit, Christen viel zum Aufbau der arabisch–islamischen Gesellschaft, zur Entwicklung der arabisch–islamischen Kultur einschließlich Philosophie und Sprache beitrugen. Sie waren beispielsweise oft die Vermittler des griechischen antiken Erbes oder der altsyrischen Kultur, die wiederum dann von den Arabern ans Abendland übermittelt wurden. So vollzog sich Schritt für Schritt eine tiefgreifende Identifizierung der Christen und Kirchen im Mittleren Osten mit der arabisch–islamischen Kultur und Sprache. Das Arabische ist für sie nicht nur Umgangssprache, sondern auch Sprache von Gottesdienst und Gebet (mit Ausnahme der Armenier). Ganz selbstverständlich steht in ihrer arabischen Bibel das Wort „Allah", wo Gott genannt wird. Jedem Besucher fällt auf, wie stark ihre Lebensweise, ihre Bräuche und Verhaltensmuster denen der arabischen Muslime entsprechen, was jedoch auch fundamentale Unterschiede im Glaubensverständnis, bei Wertevorstellungen und Traditionen durchaus nicht ausschließt.

Aus der Gemeinsamkeit der arabischen Sprache und Kultur entstand in der zweiten Hälfte des letzten Jahrhunderts die zusammen von Christen und Muslimen getragene Renaissance des Arabischen. Sie bildete wiederum die Grundlage für die arabische nationale Bewegung. Ihr politisches Ziel war zunächst, die türkisch–osmanische Herrschaft über die arabische Welt abzuschütteln. So sind etwa 1915 sowohl in Damaskus wie in Beirut arabische Freiheitskämpfer christlicher wie muslimischer Herkunft Seite an Seite hingerichtet worden. Ihre Absicht war damals, nach der Niederringung der Osmanen ein arabisches Reich zu gründen. Als die Verwirklichung dieses Planes von Briten wie Franzosen am Ende des Ersten Weltkrieges verhindert wurde, entstanden nach und nach mehr oder weniger unabhängige arabische Nationalsstaaten nach europäischen Vorbild. Auch für sie galt das ursprüngliche Ideal, daß in ihnen Muslime und Christen als Staatsbürger mit gleichen Rechten und Pflichten zusammenleben sollten. Der noch zu errichtende arabische Staat Palästina folgt dem gleichen Plan: Gemäß der PLO–Charta soll auch er ein Staat werden, in dem Muslime, Christen und Juden unabhängig von ihrer Religionszugehörigkeit gleichberechtigte Bürger sind.

Die Krise der arabischen Nationalstaaten, nicht zuletzt ihre wirtschaftliche und soziale Misere, die ein Auseinanderklaffen von Reichtum und wachsender Armut zur Folge hat, bildet einen der Hintergründe für den aktuellen Ruf nach einer „islamischen Lösung" des „dritten Weges", der weder dem kommunistischen Wirtschafts– und Gesellschaftsmodell noch dem westlich–kapitalistischen folgt. Ohne hier auf die komplexen Fragen des „Fundamentalismus" eingehen zu können, ist im Blick auf die arabisch–islamische Welt deutlich zu unterscheiden zwischen einer Bewegung der „Re–Islamisierung" und dem sogenannten „Islamismus". Erstere ist der von breiten Massen getragene Versuch, nach einer Periode vom Westen importierter Säkularisierung den Einfluß des Islam auf das Leben der Muslime und die arabische Gesellschaft wieder zu verstärken und Fremdbestimmung und Überfremdung abzubauen. Religiöses und gesellschaftliches Ziel ist es, zu den Fundamenten des Islam und seinem Wertesystem zurückzukehren. Welche Folgen diese Entwicklung für den Status und die zukünftige Rolle der christlichen Minderheiten haben wird, bleibt zur Zeit offen und führt deshalb zu nachvollziehbaren Verunsicherungen bei ihnen. Die Bewegung des „Islamismus" will dagegen darüberhinaus das islamische Recht (die „Scharia") als einzige Grundlage für das gesellschaftliche und staatliche Leben durchsetzen. Bedroht sind Christen aber nur von einer kleinen fanatisierten Gruppe innerhalb des „Islamismus". Diese Extremisten unter den Islamisten wollen ihre Ziele gewaltsam und unter Mißachtung von Minderheitsrechten und Religionsfreiheit durchsetzen. Ihr Terror richtet sich aber ebenso gegen offene und moderne Muslime und wird von den staatlichen Autoritäten in der Regel mit eiserner Faust bekämpft. Solche Extremisten spielen übrigens in Palästina, anders als beispielsweise in Ägypten, keine maßgebliche Rolle. In Ägypten werden Kopten in der Tat von ihnen bedroht. Andererseits pflegt die koptische Kirche gleichzeitig einen offenen Dialog mit den sogenannten „Muslimbrüdern", einer der größten Vereinigungen der Islamisten.

Die Beziehungen zu Juden und Israel

Christen und Juden haben während der letzten 1300 Jahre als Minderheiten in der muslimischen Welt nebeneinander gelebt. In den größeren und großen Städten wie Aleppo, Beirut, Damaskus oder Kairo waren die christlichen und jüdischen Viertel einander benachbart. Friedliche Nachbarschaft bestimmte auch ihre Beziehungen zueinander. Als Semiten sind sie ohnehin miteinander verwandt. Als religiöse Minderheiten teilten sie in der Regel das gleiche Schicksal im „Haus des Islam": Tolerierung oder auch Diskriminierung oder sogar Verfolgung. So können es arabische Christen nicht verstehen, wenn ihre Geschichte und Erfahrungen mit Juden im Mittleren Osten pauschal gleichgesetzt werden mit der Geschichte und dem Verhalten des dominierenden westlichen Christentums gegenüber Juden in Europa: Sie kennen weder einen christlichen Assimilierungsdruck auf Juden noch christliche Judenverfolgungen, auch wenn es einzelne Judenpogrome in byzantinischer Zeit vor dem Islam gegeben hat, weil grundsätzlich auch die orthodoxen Kirchen von einer Überlegenheit des Christentums über das Judentum und von einer Ablösung der jüdischen Gemeinde durch die christliche Kirche ausgehen.

Der Antisemitismus europäischer Provenienz wird schon deshalb abgelehnt, weil die große Mehrheit der Christen im Mittleren Osten selber semitisch ist. Judenmord bis hin zum Holocaust und Schoah werden verurteilt. Vereinzelte Sympathieerklärungen gegenüber „Hitler und den Nazis" haben nach meiner Erfahrung ihren Ursprung in einer verzweifelten Lage, besonders der Palästinenser, die seit der „nakba" (Katastrophe) von 1948 viele traumatische Erfahrungen mit Vertreibung und der Verweigerung ihrer Grundrechte gemacht haben. Das Problem ist für sie Israel, nicht das Judentum, die israelische Besatzung und das Konzept eines „zionistischen Staates", nicht die Präsenz von Juden in der Region, mit denen sie Jahrhunderte lang Seite an Seite gelebt haben. So unterscheiden arabische Christen scharf zwischen Antizionismus, zu dem sie sich bekennen, und Antisemitismus, den sie ablehnen. Auch von ihrer arabisch–nationalen Identität her fühlen sie sich als Teil des palästinensischen Volkes und unterstützen die palästinensische Befreiungsbewegung. In ihr haben sie von Anfang an eine hervorragende Rolle gespielt. Denn die Ziele der Palästinensischen Befreiungsorganisation (PLO), einen palästinensischen Nationalstaat aufzubauen, in dem Muslime, Christen und Juden gleichberechtigte Bürger sein sollen, entsprechen voll ihren Interessen und Zukunftshoffnungen.

Seit dem Beginn des „Friedensprozesses" haben sich palästinensische Christen und Christinnen, unterstützt unter anderen vom Mittelöstlichen Kirchenrat, nachdrücklich für ein friedliches und gleichberechtigtes Zusammenleben mit Juden im Staat Israel eingesetzt. Ein palästinensischer Theologe wie Mitri Raheb in Bethlehem bekennt sich öffentlich zu dem „Traum von zwei Völkern (Israel und Palästina), die sichtbar werden lassen, daß sie die Wiege der drei monotheistischen Religionen sind."[2] Die Kirchenführer in Jerusalem haben beispielsweise 1996 erklärt: „In den Augen Gottes besteht kein Unterschied zwischen Juden und Palästinensern, zwischen Arabern und Fremden!" Aber sie fordern auch im Namen des einen gemeinsamen

Gottes, daß alle unter demselben Gesetz leben müssen. Ohne Zweifel haben dabei palästinensische Christen von ihrer Geschichte, Kultur und nationalen Identität her eine viel größere Nähe zu arabischen Muslimen als zu Juden, besonders wenn sie keine Orientalen sind. Aber sie bauen auch verstärkt Kontakte zur jüdischen Seite auf und setzen sich entschieden für einen Dialog zwischen Juden, Muslimen und Christen ein.

[1] Vgl. Mitri Raheb, Zur Demographie der Christen in Palästina/Israel; in: Ulrike Bechmann/Mitri Raheb (Hrsg.), Verwurzelt im Heiligen Land, Frankfurt am Main 1995.
[2] Mitri Raheb, Ich bin Christ und Palästinenser, Gütersloh 1994, S.113

Vier Konfessionsfamilien in Palästina

Die *Griechisch–Orthodoxe Kirche* ist hier mit rund der Hälfte der christlichen Bevölkerung (27.000 in Ost–Jerusalem und auf der Westbank) die größte Kirchengemeinschaft[1]. Als Nachfolgerin der alten byzantinischen Reichskirche geht sie kontinuierlich auf das 4. Jahrhundert zurück und ist damit die etablierteste aller Kirchen in Palästina. Ihr Oberhaupt, der griechische Patriarch von Jerusalem, wird als höchster christlicher Würdenträger im Lande anerkannt. Daß er und viele der Mönche traditionell national–griechischer Herkunft sind, hat eben mit diesen Anfängen im griechisch–hellenistischen Zeitalter zu tun. Von daher erklärt sich auch ihr Name, der sich erhalten hat, obwohl die absolute Mehrheit der Kirchenangehörigen einschließlich des verheirateten Klerus arabische Palästinenser sind. Sie ist damit eindeutig die repräsentativste der Kirchen unter der palästinensischen Bevölkerung. Liturgie– und Kirchensprache sind seit langem hauptsächlich Arabisch.

Zur griechisch–orthodoxen Familie im weiteren Sinne gehören auch die sowohl dem Moskauer Patriarchat wie der exilrussischen Kirche zugeordneten Gemeinschaften sowie eine rumänisch–orthodoxe Kolonie. Konfessionell sind sie alle über die Zuordnung zum Ökumenischen (griechischen) Patriarchen von Konstantinopel (Istanbul) miteinander verbunden.

Die Familie der *Orientalisch–Orthodoxen* besteht in Palästina aus Armeniern, Kopten, Äthiopiern und Syrern. Die lange Verbundenheit der Armenisch–Apostolischen Kirche kommt durch ein Patriarchat in Jerusalem zum Ausdruck. Sein Zentrum mit der Jakobus–Kathedrale, einem Priesterseminar und einer Schule liegt im armenischen Viertel der Altstadt. Die nur nach Tausenden zählende armenische Bevölkerung beteiligt sich zum Teil an der palästinensischen Bewegung und zeigt damit ihre jahrhundertealte Zugehörigkeit zur arabisch–palästinensischen Welt. Ebenso lange, wenn auch in geringerer Zahl, ist die Koptisch–Orthodoxe Kirche aus Ägypten in Jerusalem vertreten. Ihren Spuren folgte die Äthiopisch–Orthodoxe Kirche, die mit einem Erzbischof und einer kleinen Mönchskolonie auf dem Dach der Grabeskirche präsent ist. Die Anwesenheit der Syrisch–Orthodoxen Kirchengemeinschaft in Palästina geht auf eine enge Verbindung mit Syrien zurück: Von Anfang an hat es einen intensiven Austausch und viele Wanderungsbewegungen unter der Bevölkerung dieses groß–syrischen Raums gegeben!

Die *mit Rom unierten Kirchen* des Mittleren Ostens sind auch in Palästina vertreten: armenisch–katholische, syrisch–katholische, Chaldäer. Zahlenmäßig ins Gewicht fallen jedoch nur die aus dem Libanon stammenden Maroniten und insbesondere die Griechisch–Katholischen. Wegen der genannten engen Verbindung siedelten in Jerusalem, aber auch an der Küste, in Galiläa und auf dem Golan katholische Maroniten, von denen jedoch 1948 viele vertrieben wurden. Von bleibender Bedeutung ist die Präsenz der griechisch–katholischen Kirche. Sie entstand im letzten Jahrhundert aus einer Zurück–zu–Rom–Bewegung unter Orthodoxen in Syrien, im Libanon und Palästina. Besonders stark vertreten sind diese sogenannten „Melkiten" unter den Palästinensern in Israel. Dort bilden sie eine eigene Erzdiözese von Akko, Haifa, Nazareth und ganz Galiläa. Der Patriarch hat seinen Hauptsitz in Damaskus.

Der oberste Römisch–Katholische Repräsentant in Palästina ist der Lateinische Patriarch von Jerusalem. Er wird direkt von Rom eingesetzt. Nach der Wiedererrichtung dieses Patriarchats 1847 durch Papst Pius IX. waren das in der Regel Prälaten aus Rom. Erst Ende 1987 ernannte der Vatikan arabische Palästinenser. Diese durch die „Intifada" mitbewirkte sensationelle Entscheidung hat das Bewußtsein der Palästinenser unter den Christen mit lateinischem Ritus aufgebaut und die gesamte Christenheit im „Heiligen Land" darin bestärkt, zu ihrer arabisch–palästinensischen Verwurzelung zu stehen.

Die beiden *evangelischen Kirchen* palästinensischen Ursprungs sind die Bischöfliche Kirche von Jerusalem, die zur anglikanischen Gemeinschaft gehört, und die Evangelisch–Lutherische Kirche in Jordanien. Beide gehen auf ein gemeinsames anglo–preußisches Bistum im Heiligen Land zurück, das 1841 gegründet wurde. Als es in seinem Umfeld zu Gemeindebildungen kam, konzentrierten sie sich bei den Anglikanern auf Jerusalem und das nördliche Palästina, bei den Lutheranern auf Jerusalem und den Süden, später auch auf Amman. Beide Kirchen sind eine Minderheit innerhalb der christlichen Minderheit geblieben mit zusammen etwa 3.000 Mitgliedern. Sie tragen mit ausländischer Unterstützung, besonders auch aus Deutschland, überproportional zur Schul– und Sozialarbeit bei. Dazu kommt eine aktive deutschsprachige Gemeinde unter Leitung eines Propstes aus der EKD, deren Zentrum die von Kaiser Wilhelm II. vor 100 Jahren eingeweihte Erlöserkirche in der Jerusalemer Altstadt ist.

Rafiq Khoury, katholischer palästinensischer Theologe, charakterisiert die Lage der gesamten Christenheit von Palästina mit drei Merksätzen: „Die Christen und Christinnen des Heiligen Landes finden sich viergeteilt zwischen Rom, Konstantinopel, Antiochien und Alexandrien. (Sie) verteilen sich auf drei verschiedene Territorien: Israel, die besetzten Gebiete, Jordanien ... Die Christen stehen – eine Situation, die in der Welt einmalig ist – in direktem, täglichen Kontakt mit den beiden anderen großen monotheistischen Weltreligionen: dem Islam und dem Judentum."[2]

[1] Vgl. hierzu: Ulrike Bechmann/Mitri Raheb (Hrsg.), Verwurzelt im Heiligen Land, Frankfurt am Main 1995.
[2] in: Kulturverein Aphorisam, Palästinensisches Christentum, Trier 1993.

Zeittafel zum Nahost-Konflikt: 1948–1998

1948
Ausrufung des **Staates Israel** am 14. Mai aufgrund des UN–Teilungsbeschlusses vom 29.11.47.
Gleichzeitiger Rückzug der Truppen Großbritanniens, das seit 1920 Mandatsmacht über Palästina gewesen ist.
Sofortiger Einmarsch arabischer Freischärler und Militärkontingente, besonders aus Transjordanien, Syrien und dem Irak.
Jahr der „**Nakba**"(nationalen Katastrophe) für die einheimische arabische Bevölkerung durch Vertreibung und Krieg.

1949
Im Mai von der UN verhandelter Waffenstillstand im einjährigen ersten Krieg zwischen Israel und Ägypten, Libanon, Syrien, Transjordanien.
Gleichzeitige Aufnahme Israels in die UN, aber keine Rückkehr der Flüchtlinge (Scheitern der Lausanner Flüchtlingskonferenz).

1950
Jordanien nimmt im Mai den arabischen Teil Palästinas in Besitz (Ermordung König Abdullahs in Jerusalem: 20.7.).

1955
Gründung von „Al–Fatah": erste Widerstandsorganisation der arabischen Palästinenser.

1956
Nach der Machtübernahme durch die „freien Offiziere" in Ägypten verstaatlicht Präsident Nasser den Suez–Kanal: Das führt zum Krieg mit Großbritannien, Frankreich und Israel.

1964
Im Juni tritt der 1. Palästinensische Nationalrat in Jerusalem zusammen und beschließt die Gründung der Palästinensischen Befreiungsorganisation (PLO).

1967

Sechs–Tage–Krieg (5.–10.Juni) zwischen Israel und den arabischen Nachbarstaaten außer Libanon: beendet auf Druck der Großmächte (UN–Sicherheitsrat–Resolution 242 vom 22.11.).

Folgen sind: vernichtende Niederlage für Nassers Ägypten, zweite große Flüchtlingswelle aus Palästina und Besetzung von Ost–Jerusalem, Westbank und den Golan–Höhen durch Israel.

1969

Im Februar Machtwechsel in der PLO: neuer Vorsitzender Yassir Arafat; Verstärkung des bewaffneten Widerstands .

1970

„Schwarzer September" in Jordanien: König Husseins Armee bringt Palästinenser gewaltsam unter Kontrolle.

Neues PLO–Widerstandszentrum ist Beirut im Libanon, auch für terroristische Anschläge (z.B. während der Olympiade 1972 in München).

1973

Oktober–Krieg in der Konstellation vom Juni 67, aber ohne Sieger: Ägypten erobert teilweise den Sinai zurück.

1978

Im September kommt es nach vielen gescheiterten Friedensvermittlungsversuchen zum 1. Camp–David–Abkommen: Friedensvertrag zwischen Israel und Ägypten im März 1979.

1982

Israelische Invasion in den Libanon: Sie führt zur Zwangsevakuierung der PLO–Kräfte von Beirut nach Tunis; parallel dazu nimmt die Friedensbewegung in Israel stark zu.

1987

Im Dezember beginnt in Gaza die „**Intifada**" als Aufstand der palästinensischen Bevölkerung gegen die Besatzung.

1988
Im November proklamiert der Palästinensische Nationalrat in Algier den unabhängigen Staat Palästina bei gleichzeitiger indirekter Anerkennung Israels.
Vorher hatte König Hussein auf die jordanischen Ansprüche auf die Westbank völkerrechtlich verzichtet.

1990
Beginn der Golfkrise im Herbst, die sich zum Golfkrieg Anfang 1991 zuspitzt: Er verschärft die ohnehin angespannte Beziehung Israels zu den Palästinensern.

1991
Ende Oktober eröffnet auf Initiative der USA die Madrider Nahost–Konferenz, wo sich Israelis und Palästinenser erstmals offiziell gegenübersitzen: der **Friedensprozeß** beginnt.

1993
Am 13.9. wird in Washington eine Grundsatzerklärung unterzeichnet (Gaza–Jericho–Abkommen): Nach vielen ergebnislosen Runden brachten Osloer Geheimverhandlungen den Durchbruch.

1994
Erste Widerstände fanatischer Siedler (Massaker unter Moscheebesuchern in Hebron im Februar) und Anschläge der extremistischen „Hamas" in Israel.
Im Juli siedelt Arafat von Tunis nach Gaza über und setzt sich an die Spitze der Palästinensischen Autonomiebehörde.

1995
Nach langwierigen Verhandlungen kommt im September das „Oslo II"–Abkommen zustande: Die wichtigsten palästinensischen Städte auf der Westbank werden autonom.

Am 4.11. wird Yitzhak Rabin von einem jüdischen Extremisten in Tel Aviv ermordet: Israel erlebt einen Schock.

1996
Wahlen in den autonomen palästinensischen Gebieten, die den „Friedensprozeß" stärken: 1. palästinensisches „Parlament".
Bei den Mai–Wahlen in Israel verliert Peres als Nachfolger von Rabin: Die neue Likud–geführte Regierung von Netanjahu untergräbt den Fortgang der Verhandlungen, auch mit Syrien.

1997
Verschärfter Konflikt um Israels Alleinanspruch auf Jerusalem (Tunnelöffnung am Tempelberg im September 96) und durch Siedlungsbau „Har Homa"/„Abu Gneim".
Trotzdem kommt ein Abkommen über den israelischen Abzug aus dem größten Teil von Hebron zustande.

1998
Die vertraglich vorgesehene nächste Verhandlungsrunde ist trotz US–Drucks wegen der israelischen Sicherheitsbedenken in der Sackgasse: Ist der „Friedensprozeß" am Ende?

Glossar zur Erzählung von Faten Mukarker

Arabische (Sprache/Gesellschaft/Welt) – Araber/in: grundlegende Identität aller arabisch sprechenden Menschen zwischen Irak und Marokko (= arabische Welt mit weit mehr als 100 Millionen Einwohnern arabischer Sprache). Trotz der Nähe des Arabischen zum Koran (Islam) sind auch die „arabischen Christen" eingeschlossen mit einer gewissen Spannung: Sie sind nicht ganz Araber (S. 90)! Die Fundamente liegen in der „arabischen Sprache und Kultur" mit eigener „arabischer Musik" (Trommel, Laute, Tamburin), der gemeinsamen Geschichte der Völker im Nahen Osten (z.B. in Abgrenzung zum Abendland), der einheitlichen Prägung der traditionellen „arabischen Gesellschaft" (hierarchische Großfamilie, arabischer Hausbaustil, spezielle Sitten und Gebräuche, „arabische Küche").

(siehe auch unter **Palästina–Palästinenser/in**)

Beit Jala: Großdorf mit ca. 10.000 Einwohnern nahe Bethlehem.

Besatzung (Israelische): Im Verlauf des „Sechs–Tage–Krieges" im Juni 1967 hat Israel Ost–Jerusalem, die **Westbank**, den Gaza-Streifen (gleichfalls die Golan–Höhen) militärisch besetzt und seitdem unter militärische Verwaltung und Militärrecht gestellt. Die „besetzten Gebiete" waren durch die sogenannte „grüne Linie" von Israel getrennt (auch verschiedene KFZ–Kennzeichen: blau/gelb)und durch zahlreiche „Checkpoints" gesichert; von Jordanien hermetisch abgeschnitten bis auf den Übergang „Allenby–Brücke". Seit den Oslo I– und II–Verträgen gibt es autonome Gebiete innerhalb der Besatzungszone (siehe auch **Zeittafel zum Nahost–Konflikt**).

Bethlehem: arabische Stadt nahe Jerusalem mit großem christlichen Bevölkerungsanteil; gemäß Mt 2,1 und Lk 2,4 Geburtsstadt von Jesus Christus: „Geburtskirche".

Ehre der Familie/Frau (Schande): grundlegender kollektiver Ehrbegriff im Orient, den auch christliche Araber teilen. Er bezieht sich auf die Blut– und Familienehre mit Schwerpunkt bei den Frauen: Sie wird angegriffen, wenn eine Frau durch Worte, Gesten oder direkte Tätlichkeiten eines Mannes in ihrer Würde verletzt wird. Umgekehrt erlegt sie Frauen einen strengen Verhaltenskodex auf.

El–Aksa–Moschee: neben dem sogenannten „Felsendom" wichtigstes Heiligtum der Muslime auf dem „Tempelberg" in Jerusalem: Brand mit weltweiten Protesten 1969; erneuter schwerer Konflikt bei der Öffnung eines Tunnels durch die israelischen Behörden.

Erlöserkirche: hervorragendes Kirchengebäude in der Altstadt von Jerusalem; im Oktober 1898 von Kaiser Wilhelm II. als evangelisch–lutherisches Gotteshaus eingeweiht; heute dient sie den Arabisch und Deutsch sprechenden evangelisch–lutherischen Gemeinden.

Evangelische Gemeinden/Kirchen: neben den unter „Erlöserkirche" genannten Jerusalemer Gemeinden gibt es weitere einheimisch–arabische evangelische Gemeinden, z.B. in Bethlehem („Weihnachtskirche"), die in der Evangelisch–Lutherischen Kirche in Jordanien–Palästina bzw. in der Anglikanischen Kirche zusammengefaßt sind (siehe auch unter **Vier Konfessionsfamilien in Palästina**).

Extremisten: bei uns in der Regel „Fundamentalisten" genannte islamische, aber auch jüdische Bewegungen („israelische Siedler"): Vor Ort wird zwischen Islamisten (Hamas) bzw. Radikal–Orthodoxen und den kleinen Gruppen militanter Extremisten unter ihnen unterschieden, die für die terroristischen Anschläge auf beiden Seiten verantwortlich sind.

Griechisch–Orthodoxe: größte christliche Konfession in Palästina, die aus der byzantinischen Reichskirche von Ost–Rom entstanden ist: deshalb „griechisch–orthodox" in der Liturgie, im Festkalender und in der Hierarchie (Mönche); dagegen sind das Kirchenvolk und die verheirateten Ortspriester arabisch (siehe auch unter **Kurze Kirchengeschichte** und **Vier Konfessionsfamilien**).

Hebron–Massaker: im Februar 1994 von einem extremistischen israelischen Siedler in der Abrahams–Moschee unter den Ramadan–Betern angerichtetes Blutbad mit 29 bzw. 52 Opfern.

Intifada („Erhebung"): brach im Dezember 1987 in einem Flüchtlingslager in Gaza aus und wurde schnell zur Volkserhebung gegen die **israelische Besatzung**; von seiten der Palästinenser: Boykott israelischer Waren, lahmlegende Streiks, Graffiti mit PLO–Slogans und palästinensischer Flagge, spontane Demonstrationen und Behinderung der Besatzungsmacht, Steine werfende Jugendliche und Kinder („Krieg der Steine"); Gegenmaßnahmen des israelischen Militärs: Gummigeschosse, Verhaftungen (mit Folter), auch von Kindern, Zerstörung von Häusern, Absperrung der besetzten Gebiete, strikte Kontrolle von Aus– und Einreise (siehe auch **Zeittafel zum Nahost–Konflikt**).

Märtyrer: anders als im christlichen Verständnis nicht nur Glaubenszeugen, sondern auch sich für die muslimische (nationale) Sache opfernde Menschen, die nach dem Koran direkt in den Himmel aufgenommen werden.

Palästina: in biblischer Zeit Name des gesamten Gebiets zwischen Jordan und Mittelmeer oberhalb des Negev und unterhalb des Libanon; so auch noch von den frühen israelischen Einwanderern benutzt; durch die palästinensische Nationalbewegung und die PLO inzwischen ausschließlich auf die in Palästina lebenden Araber und das von ihnen beanspruchte Land (Staat Palästina) angewandt. Araber haben jeweils als Teil ihrer Identität eine spezielle Heimat und Nationalität, in diesem Fall die „palästinensische": siehe auch unter **Arabische (Sprache/Gesellschaft/Welt)**.

PLO (Palästinensische Befreiungsorganisation, –Charta): am 1.6. 1964 durch den Palästinensischen Nationalrat in Jerusalem gegründet als alleinige politische Vertretung der Palästinenser; setzt sich aus verschiedenen politischen Gruppierungen zusammen; politisches Ziel die Gründung eines „weltlichen" Staates, in dem Muslime, Christen und Juden in Palästina gleichberechtigte Bürger sind („Nationalcharta"). In der ersten Phase Rede vom „Juden ins Meer treiben!". 1988 proklamiert der Nationalrat den Staat Palästina mit indirekter Anerkennung Israels (siehe auch **Zeittafel zum Nahost–Konflikt**).

Religiöse Feste/Gebräuche: *jüdisch:* „Schabbat": wöchentlicher Feiertag, der am Freitag mit Sonnenuntergang beginnt und bis Samstagabend dauert; „Laubhütten/Sukkot–Fest": Erntedank nach 5. Mose 16,16; „Kippa": Kappe, die von männlichen Betern und auch sonst getragen wird; „Thora": das Gesetz und Grundlage des Judentums, Teil der Hebräischen Bibel (Altes Testament). *Christlich:* „Weihnachten"(Geburt Jesu Christi), Palmsonntag mit der folgenden „Karwoche" und dem abschließenden „Osterfest" (in Gedenken an Leiden, Kreuzigung und Auferstehung Jesu Christi) werden von allen christlichen Konfessionen gefeiert, aber zu verschiedenen Zeiten wegen unterschiedlicher Festkalender und zweier Weihnachtermine: 25.12. und 6.1. *Muslimisch:* „Ramadan" ist der nach dem Mondkalender jährlich wandernde Fastenmonat: Fasten während der Tageszeit, das mit dem täglichen Fastenbrechen–Mahl endet.

Schekel: israelisches Zahlungsmittel (1996: 2 NIS ca. DM 1,–); auch im gesamten palästinensischen Gebiet benutzt.

Scheich: Ehrenname, insbesondere für einen Theologen und Rechtsgelehrten, der in diesem Fall auch die Funktion eines Notars hat.

Siedler (Israelische)/Siedlungen: speziell gemeint sind israelische Familien, die im Großraum Jerusalem (Gilo), auf der Westbank und im Gazastreifen nach 1967 gesiedelt haben, insgesamt 144 Siedlungen mit mehr als 100.000 Personen: Die Siedlungen sind praktisch exterritorial mit unabhängigen Straßenverbindungen nach Israel. Eine ganze Reihe von ihnen beherbergt jüdische Extremisten (Hebron).

Talitha Kumi: ursprünglich von Kaiserswerther Diakonissen gegründete Mädchenschule, jetzt Privatschule der evangelisch–lutherischen Kirche als gemischte Schule für Christen und Muslime in Beit Jala: Sie folgt, wie vier andere evangelische Schulen, den jordanischen, jetzt palästinensischen Lehrplänen.

Tawjihi: abiturähnlicher Abschluß der höheren Schule nach 12 Jahren: Schulpflicht endet nach sechs Schuljahren.

UN–Resolutionen: bezieht sich auf die zahllosen Entschließungen der UN–Vollversammlung bzw. des Sicherheitsrates, die u.a. – insbesondere UN–Sicherheitsratsresolution 242 von 1967– Israel zur Rückgabe der besetzten Gebiete aufgefordert hatten.

Weltgebetstag der Frauen: weltweite ökumenische Initiative, deren jährliche Gebetsliturgie jeweils von Frauen in einem Lande gestaltet wird, 1994 von christlichen Palästinenserinnen, deren Vorlage z.B. in Deutschland von mit Israel solidarischen Frauen heftig kritisiert wurde.

Westbank (des Jordan): 1948 von (Trans–) Jordanien annektiertes Gebiet zwischen dem Jordan und der israelischen Grenze („grüne Linie"), 1997 von Israel besetzt, heute teilweise (mit Gazastreifen) Gebiet der Palästinensischen Autonomie–Behörde.

Personennamen: *Allenby, Sir Edmund:* britischer Feldmarschall, der 1917 Palästina eroberte; *Arafat, Yassir:* 1929 in Jerusalem geboren, seit 1968 Vorsitzender der PLO, seit 1995 Präsident der Palästinensischen Autonomie–Behörde; *Ben–Chorin, Schalom:* aus München stammender jüdischer Religionswissenschaftler und Schriftsteller, seit 1935 in Jerusalem; *Ronecker, Karl-Heinz Propst:* seit 1991 an der Erlöserkirche in Jerusalem als Auslandspfarrer; *Schrobsdorff, Angelika:* in Freiburg geborene internationale Schriftstellerin, seit 1983 in Jerusalem; *Simmel, Johannes Mario:* in Wien geborener österreichischer Schriftsteller und Romanautor.

Bildteil

Die Großfamilie·(von links nach rechts) Ehemann, Tante, Tochter Monika, dahinter Faten mit Sohn Fu'ad und Schwester, vorne Mutter.

Ursula und Fu'ad beim Musikunterricht in Jerusalem

Blick von Beit Jala nach Betlehem

Teilansicht von Beit Jala mit St. Nikolauskirche

Faten in der orthodoxen Kirche

Die Schule Talitha Kumi

Checkpoint bei Beit Jala

Israelischer Tunnel unter Beit Jala, um Siedlungen direkt untereinander zu verbinden

Grabeskirche in Jerusalem

Erlöserkirche und Grabeskirche in Jerusalem

Totenklage im Hause Mukarker

Bildnachweis: Mukarker (4), Wanderer (8)

Haus der Familie Mukarker

Biographische Notizen

Faten Mukarker wurde 1956 in Bethlehem geboren. Bald nach ihrer Geburt zogen ihre Eltern nach Deutschland in die Nähe von Köln. Dort lebte sie bis zu ihrem 20. Lebensjahr. 1975 kehrte sie nach Bethlehem/Beit Jala zurück und heiratete. Sie hat zwei Söhne und zwei Töchter.

In ihrem Heimatort lädt sie deutsche Touristen zu einem landesüblichen Essen in ihre Familie ein und informiert über palästinensische Sitten und Gebräuche.

Angelika Schrobsdorff schreibt über sich: „ Ich bin am 24.12.1927 geboren und lebte bis zu meinem elften Lebensjahr in Berlin. 1939 emigrierte ich mit meiner jüdischen Mutter und meiner älteren Schwester nach Sofia, Bulgarien.

1946 heiratete ich einen in Sofia stationierten amerikanischen Offizier, der nach Deutschland versetzt wurde. Wir lebten in München, wo ich auch nach der Scheidung von meinem Mann 23 Jahren blieb. 1958 begann ich mein erstes Buch „Die Herren", zu schreiben, das in sieben Sprachen übersetzt, im „Stern" als Nachdruck veröffentlicht, verfilmt und in Deutschland ein sogenannter Bestseller wurde. Diesem Buch folgten drei weitere Bücher.

1983 wanderte ich in Israel ein. Seither lebe ich in Jerusalem und habe hier folgende Bücher geschrieben: „Jerusalem war immer eine schwere Adresse" — ein Buch, in dem ich mich für die Palästinenser einsetze und die Intifada beschreibe. „Du bist nicht so wie andere Mütter" — die Lebensgeschichte meiner Mutter. „Jericho" — in dem ich das traurige Schicksal dieses Städtchens schildere. „Grandhotel Bulgaria" — das ich mit dem Ziel geschrieben habe, auf die katastrophalen Zustände, die in diesem Land herrschen, aufmerksam zu machen. Für dieses Buch wurde mir vom bulgarischen Staat der Orden der „Goldenen Rose" verliehen."

Paul Löffler, Jahrgang 1931, Studium der ev. Theologie mit Schwerpunkt alte Kirche, Promotion 1958 in Bonn, im christlich-jüdischen

Gespräch engagiert, 1968 bis 1974 Dozent an der Theologischen Hochschule für den Nahen Osten in Beirut, Libanon, mit Kontakten zur palästinensischen Bewegung; Mitbegründer der Deutsch-Palästinensischen Gesellschaft und langjähriges Mitglied der Ev. Mittelost-Kommission; ab 1976 Studienleiter der Missionsakademie an der Universität Hamburg, ab 1986 Leiter des Amtes für Mission und Ökumene der Ev. Kirche von Hessen und Nassau, jetzt im Ruhestand in Lauenburg/Elbe.

Zu Gast bei Faten Mukarker

Möchten Sie mehr über das Leben einer christlichen Palästinenserin in der Westbank erfahren?

Faten Mukarker lädt Gruppen und Einzelreisende in ihr Haus ein, kocht ein traditionell-arabisches Essen und erzählt von ihrem Alltag, von Bräuchen und Traditionen und vom Leben zwischen Grenzen.

Wer Näheres wissen möchte kann sich direkt wenden an:
Faten Mukarker, Virgin Street, Beit Jala/Bethlehem, Palästina

Telefon und Telefax: 00972 - 2 - 2741341
(aus Deutschland)

Dieter Haas
**Unbequemer Christ
in revolutionärer Zeit**
Pfarrer Karl Zittel

148 Seiten, A5, Broschur, geprägt,
mit zahlreichen
Schwarzweißabbildungen
DM 29,80/ öS 218/ sFr 27,50
ISBN: 3-87297-134-4

Mit einem Vorwort von
Henning Schröer

Der badische Pfarrer und spätere Paulskirchenabgeordnete Karl Zittel kämpfte unbeirrt für Glaubens- und Lehrfreiheit und für mehr Demokratie in der Kirche. In engem Kontakt zu historischen Quellen, die einfühlsam zitiert und sorgsam interpretiert werden, zeichnet Dieter Haas den Lebensweg dieses streitbaren Liberalen nach, der sich trotz des Mißfallens staatlicher Behörden und massiver Kritik von konservativer Seite bürgerlichen Freiheitsbeschränkungen und dogmatischer Engstirnigkeit entgegenstellte.

Hanſ Thoma Verlag

Edmund Schlink
Die Vision des Papstes

179 Seiten, A5, Broschur, geprägt,
DM 24,80/ öS 181,-/ sFr 23,-
mit zahlreichen
Schwarzweißabbildungen
ISBN 3-87297- 130-1

Ein charismatischer Papst kämpft für die Ökumene. Die spannende und kenntnisreiche Fiktion des bekannten Theologen Edmund Schlink ist aktueller denn je. Ein Buch für alle, die auf das Zusammenrücken der Kirchen bauen.

Hans Thoma Verlag

E D I T I O N
ZEIT
Z E U G E N

Leben für Versöhnung

Hermann Maas – Wegbereiter
des christlich-jüdischen Dialoges

HANS THOMA VERLAG

W. Keller, A. Lohrbächer, K. Weber,
E. Marggraf, C. Pepperl,
J. Thierfelder (Hrsg.)
Leben für Versöhnung
Hermann Maas – Wegbereiter des
christlich-jüdischen Dialoges
Bearb.: M. Riemenschneider

170 Seiten, A5, Broschur, geprägt,
mit zahlreichen
Schwarzweißabbildungen
DM 24,80/ öS 181,-/ sFr 23,-
ISBN 3-87297-129-8

Der badische Prälat Hermann Maas war ein engagierter Vor-
kämpfer der christlich-jüdischen Verständigung. Gegen Partei und Staat, aber auch gegen die eigene Kirchenleitung
kämpfte er während des Nationalsozialismus um das Leben
jüdischer Mitbürger. 1950 wurde er als erster Deutscher vom
Staat Israel zu einem Besuch eingeladen. Die Autoren zeich-
nen ein eindrucksvolles Porträt dieses „Täters der Verständigung", der unabhängig und glaubensstark das menschlich
Gebotene verwirklichte.

Hans Thoma Verlag

Matthias Kreplin
Lebensfragen – Glaubensfragen
Christlicher Glaube
als Hilfe zum Leben

150 Seiten, A5, Broschur,
mit acht farbigen Bildmeditationen
DM 24,80/ öS 181,-/ sFr 23,-
ISBN 3-87297-133-6

Die biblischen Figuren und ihre Geschichten können uns dabei helfen, das eigene Leben besser zu bewältigen. Wie – das zeigt der Religionslehrer und Gemeindepfarrer Matthias Kreplin auf fesselnde und anschauliche Weise. Entstanden ist eine Lebenshilfe im besten Sinne: stets ermutigend und hilfreich, nie bevormundend oder dogmatisch. Farbige Bildmeditationen und thematisch ausgewählte Kirchenlieder runden den Band ab. Ein Buch zum Selberlesen und zum Verschenken.

Hans Thoma Verlag

Urte Bejick, Jörg Thierfelder,
Monika Zeilfelder-Löffler (Hrsg.)
**Vom Armenspital zur
Selbsthilfegruppe**
Diakonie in Vergangenheit
und Gegenwart am Beispiel Badens

218 Seiten, A4, Ringheftung
mit zahlreichen kopierfähigen
Schwarzweißabbildungen
DM 36,80/öS 269,-/ sFR 34,-
ISBN 3-87210-361-X

Die Diakonie feiert ihr 150. Jubiläum. Der vorliegende Band
bietet eine Fülle von systematisch aufbereiteten Materialien,
Hintergrundinformationen und Gestaltungsvorschlägen
zum Thema. Eine wertvolle Anregung für Unterricht und
Gemeindearbeit.

Evangelischer Presseverband für Baden